ADRIEN MARX

Toussenel — Les d'Haussonville — Isabey — Don Carlos — Madame Boutoux — Le général Mieroslawski — Le docteur Péan — M. Spitzer La Patti — M. Thiers — M. Jean Richepin — Le général du Barrail — M. Sacher-Masoch — Alphonse XII — L'état-major du Crédit Foncier — Paul Bert — Edouard Pailleron — Alexandre Dumas — Claude Bernard — Renan — Le docteur Depaul — Buloz — Jules Janin — M Pasteur et le docteur Peter.

PARIS

LIBRAIRE DE LA SOCIÉTÉ DES GENS DE LETTRES

3, PLACE DE VALOIS, PALAIS-ROYAL

1889

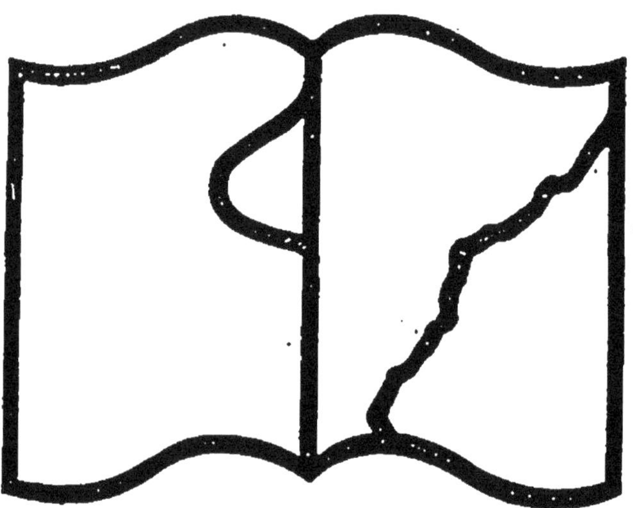

Texte détérioré — reliure défectueuse

NF Z 43-120-11

PUBLICATIONS DE LA LIBRAIRIE E. DENTU

ALFRED ASSOLANT

Désirée. 1 vol. 3 50
Léa. 1 vol. 3 50
Le plus hardi des Gueux 1 vol. 3 50
Nini. 1 vol 3 50
Plantagenet. 2 vol. . . 7 »
Le Puy de Monchal. 1v. 3 50
La fête de Champlebrac. 2 vol. . . . . 7 »
L'Aventurière. 2 vol . 7 »

ALBERT BATAILLE

Causes criminelles et mondaines. 8 vol., chaque vol 3 50

FÉLICIEN CHAMPSAUR

Le Massacre. 1 vol . . 3 50
Le Cerveau de Paris. 1 vol. 3 50
L'Amant des danseuses 1 vol. 3 50
Les Ereintés de la Vie 1 vol . . . . 3 »
Les Bohémiens. 1 vol. ill 5 »

CH. CHINCHOLLE

Le Catalogue de l'Amour. 1 vol . . . . . 3 »
Le M[illegible] Général. 1 vol. 3 »

[illegible]D DESCHAUMES

[illegible]sé. 1 vol . . . 3 »
[illegible] Théâtre. 1v. 3 50

MAURICE DRACK

La Goutte de Sang. 1 v. 3 »
Trinquefalle. 1 vol. . . 3 »

AUGUSTE GALOPIN

Le Parfum de la Femme. 1 vol. 3 50
Les Hystériques. 1 vol. 3 50

J. DE GASTYNE

La Femme nue. 1 vol. 3 50
Rayon d'Or. 1 vol . . . 3 50
Le Secret de Daniel. 1v. 3 50
Flagrant délit. 1 vol. . 3 50

BOURICEAU GESMON

Domestiques et Maîtres 1 vol. 3 50

GOURDON DE GENOUILLAC

Roman d'une Bourgeoise. 1 vol 3 50
Le Roi rouge. 1 vol . . 3 50
Lisa Patard. 1 vol. . . 3 50

ALEXANDRE HEPP

L'Epouse. 1 vol. 3 50
Anges Parisiens. 1 vol. 3 50
Paris patraque. 1 vol. 3 50
Paris tout nu. 1 vol. . 3 50

LOUIS JACOLLIOT

Voyage au pays des Bayadères, etc. 12 vol. se vendant séparém. 4 »

ARMAND LAPOINTE

L'Enjoleuse. 1 vol. . . 3 »
Mémoires de Valentin. 1 vol . . . . 3 »

LEMERCIER DE NEUVILLE

Arrivé par les femmes 1 vol. . . . . 3 »

HENRI LERICHE

La Belle Mathilde. 1 v. 3 »
L'Honneur de Suzanne. 1 vol . . . . 3 »

PRINCE LUBOMIRSKI

Chaste et Infâme. 1 vol. 3 »

MARION CRAWFORD

M. Isaacs. 1 vol 3 50
Dr Claudius. 1 vol. . . 3 50
Un Chanteur romain. 1 vol 3 50
Paroisse isolée. 1 vol. 3 50
La Marchesa Carantoni. 1 vol 3 50
Le Politicien américain 1 vol 3 50

BERTIE MARIOTT

Un Parisien au Mexique 1 vol 3 50

ADRIEN MARX

En plein air. 1 vol. . . 3 50

LOUISE MICHEL

Les Microbes humains. 1 vol. 3 50
Le Monde nouveau. 1v. 3 50

MIE D'AGHONNE

Les Amours d'une Femme honnête. 1 vol . . 3 »
La Courtisane en sabots. 1 vol . . . . . . 3 »

JOSEPH MONTET

Le Noir et le Bleu. 1 v. 3 »

EUGÈNE MORET

La petite Kate. 1 vol. . 3 »
La Révoltée. 1 vol . . 3 »

ARNOLD MORTIER

Les Soirées de l'Orchestre. 9 vol. à . . . 3 50

LOUIS NICOLARDOT

La Fontaine et la Comédie humaine. 1 vol. . 3 »
Ménage et Finances de Voltaire. 2 vol 7

PIERRE NINOUS

Le Bâtard. 2 vol . . . . 6 »
Sacrifice de Micheline, 1 vol. . . . . 3 5[illegible]

RICHARD O'MONROY

Coups d'Epingle. 1 vol. 3 »

AURÉLIEN SCHOLL

Les Amours de cinq minutes. 1 vol. . . . . . 3 »
Fleurs d'Adultère. 1 v. 3 »
Mémoires du Trottoir. 1 vol 3
L'Orgie parisienne. 1v. 3
Les Scandales du jour 1 vol. 3
Fables de La Fontaine filtrées (Illustré) 1 v. 10

SOURBÉ

Le Tir de chasse raisonné et le Dressage du chien d'arrêt. 1 vol. 3 5[illegible]

PIERRE VÉRON

Allons-y gaiement. 1v. 3
Les Araignées de mon Plafond . . . . 3 »
L'Art de vivre Cent ans 3 »
La Chaîne des Dames. 3 »
Galop général 3
Paris Vicieux. . . . . 3 »
De vous à moi. 1 vol. . 3 »
Le Tir aux Pigeons 1 vol. 3 5[illegible]
L'Amour de Babel. . . 3
Boutique de Maîtres. 1 v.
Propos d'un boulevardier. 1 vol . . . . .

VIOLETTE (CL. VEN[illegible])

L'Art de la Toilette. 1 vol. in-8 illustré. . [illegible]
Les grandes Dames d'aujourd'hui 1 vol. gr. in-8 illustré. . . . . .
Couronne d'épines. 1 v.
Une Vie brisée. 1 vol. 1
Les Peintres de la Femme. 1 vol. illustré. [illegible]

Le Décaméron

10 jolis volumes, illustrés de Contes et de Nouvelles, par les plus célèbres auteurs contemporains. Chaque volume. 6 fr.

Bibliothèque choisie des Romans contemporains. à 1 fr. le v[illegible]

Bibl. choisie des chefs-d'œuvre franç. et étr., à 1 fr. le vol.

SILHOUETTES

DE MON TEMPS

SILHOUETTES

DE MON TEMPS

PAR

ADRIEN MARX

Toussenel — Les d'Haussonville — Isabey — Don Carlos — Mme Bontoux — Le général Mieroslawski — Le docteur Péan — M. Spitzer — La Patti — M. Thiers — M. Jean Richepin — Le général du Barrail — M. Sacher Mazoch — Alphonse XII — L'état-major du Credit Foncier — Paul Bert — Edouard Pailleron — Alexandre Dumas — Claude Bernard — Renan — Le docteur Depaul — Buloz — Jules Janin — M. Pasteur et le docteur Peter.

PARIS

E. DENTU, ÉDITEUR

LIBRAIRE DE LA SOCIÉTÉ DES GENS DE LETTRES

3, PLACE DE VALOIS, PALAIS-ROYAL

1889

A MADAME MADELEINE LEMAIRE, PEINTRE

MADAME,

J'avais l'intention de placer votre portrait en tête de ce recueil afin de m'acquitter envers la grande artiste qui a si magistralement reproduit mes traits. Mais j'ai réfléchi que mon humble talent n'est point, hélas! à la hauteur du vôtre, et qu'une éloquence, dont le ciel m'a privé, peut seule décrire le charme de votre compagnie, la bonté de votre cœur et le mérite de vos œuvres. C'est pourquoi je me suis borné à vous dédier ce volume — espérant lui attirer quelques-unes des innombrables sympathies qui accueillent partout votre nom illustre et aimé.

ADRIEN MARX.

Paris, Mars 1889.

ALPHONSE TOUSSENEL

ALPHONSE TOUSSENEL

J'aimais profondément Toussenel ; il a été un des plus brillants prosateurs de ce siècle et ses travaux peu répandus ne sont pas, selon moi, classés à leur rang. Sans vouloir molester les membres de l'Institut, j'estime que la présence de l'auteur de l'*Ornithologie passionnelle* n'eût point été déplacée sur les gradins de l'immortelle compagnie. En attendant que justice soit rendue à l'écrivain, je veux parler de l'homme que j'ai, jadis, beaucoup pratiqué et beaucoup aimé.

Comme le temps passe ! Dix-sept ans se sont écoulés déjà ! c'était après la guerre, près de Fontainebleau, aux Plâtreries.

Nous nous réunissions le soir dans le chalet

de Furne, l'éditeur, et nous faisions de l'esthétique en buvant du cassis. Il y avait, là, vingt pipes qui fumaient sans répit. Celle de Toussenel, courte à lui rôtir le nez et culottée jusqu'au noir, avait l'air d'être en chocolat. Et lui, dans ce nuage, causait avec la sérénité d'un Dieu, nous tenant sous le charme de son érudition, de son éloquence et de son originalité.

Il avait l'extérieur et les façons d'un officier en retraite : son teint basané, sa moustache blanche, le ton cassant de sa parole, la brusquerie de son geste et son ruban rouge décoloré par les averses, permettaient de s'y tromper. Malgré ses soixante-huit ans, il faisait quotidiennement ses dix lieues, quel que fût le temps, et quand la nuit le ramenait au logis, il apparaissait plus alerte, plus pétulant, plus verbeux qu'au départ. C'était un conteur prime-sautier, dont la prolixité ne fatiguait pas, parce qu'elle était personnelle, ne se répétait jamais et débordait de déductions inattendues. Il scandait ses phrases par de légers coups de talon. Je me souviens qu'un soir il frappa le carreau plus fort que de coutume avec ses lourdes bottines de cuir fauve à semelles hérissées de clous — comme le collier des dogues.

— Mes enfants, dit-il, je ne puis digérer la perte de l'Alsace. Ce n'est pas le sol que je regrette, ce sont deux types qu'on ne retrouvait que là : la nourrice et le gendarme. La nourrice, c'est-à-dire la vie ; le gendarme, c'est-à-dire la sécurité. La race des robustes va disparaître, l'ère des filous va commencer ! Adieu, brave Gretchen ! Adieu, sublime Pandore !... La Prusse nous a pris le meilleur de la France !

Il soupira et reprit :

— Les belles dames de Paris qui ne montraient leur gorge qu'à leurs amants vont donc la montrer à leurs enfants. Ça, c'est bien : c'est la loi de la nature. Mais quel lait pour les moutards de l'avenir ! Boiriez-vous celui d'une vache qui passerait ses journées dans des magasins de nouveautés et polkerait toutes les nuits dans des étuves ? Non. Tel est pourtant le breuvage réservé à la génération nouvelle... Ah ! nous avons de jolis seigneurs sur la planche !

Et c'était, chaque fois, sur des thèmes divers, une série de variations pittoresques que nous écoutions sans lassitude.

*
* *

Toussenel s'est éteint à quatre-vingt-deux ans. Il m'avait affirmé qu'il mourrait centenaire. D'après ses théories, l'homme doit durer un siècle s'il débarque en ce monde sans infirmités et tette, dès le premier jour, une femme sobre, chaste et active. Les dix-huit ans qui manquent à son chiffre lui ont été ravis, je pense, par certaines tribulations imprévues —et aussi par la disparition de ses amis ! Ajoutez que, ces derniers temps, la goutte l'empêchait de chasser, qu'il était moins invité et moins recherché ; une mélancolie s'empara de lui qui triompha de sa vigueur, et il trépassa doucement — comme un Juste... Il avait sur la mort des idées qui n'ont point assombri ses suprêmes instants.

— Je sais le *par delà*, me disait-il d'un accent sincère et convaincu. La mort est une libératrice au cou de laquelle nous devons sauter avec la joie d'un captif qu'on délivre. A la mort succède un état délicieux de bien-être immatériel, une ineffable sensation de bonheur ininterrompu et d'extase sans fin... Ne souriez pas, c'est certain.

Durant ces confidences singulières, son timbre, ordinairement rude, devenait presque mélodieux, et il baissait le ton, comme s'il m'eût confié un secret. Il me parlait souvent des béatitudes posthumes en homme qui les aurait éprouvées — avec la calme certitude des visionnaires et la placide assurance des illuminés. Il insistait toujours sur l'épanouissement de l'âme flottante dans l'éther, débarrassée enfin de sa gaine de chairs altérables et putrescibles... Et sa voix tombait dans la nuit, grave et sonore, semblable à la parole d'un sage de l'antiquité... Socrate ne devait pas discourir autrement de l'immortalité.

Il s'interrompait parfois pour m'expliquer les mœurs et les habitudes d'un oiseau qui s'abattait d'un vol rapide sur le fleuve dont nous longions la rive. La bestiole buvait à la hâte et disparaissait dans les roseaux en jetant une note joyeuse.

* * *

A l'époque des chasses, je ne me lassais pas d'entendre ses dissertations zoologiques qui abrégeaient la longueur des étapes et adoucissaient l'aigreur des déceptions cynégétiques.

Nul, y compris Buffon qu'il malmenait volontiers, n'a mieux décrit, mieux observé, mieux compris les animaux. Toussenel prétendait que tous — sans excepter les fauves — sont nés pour vivre dans le commerce de l'homme, lui prêter le concours de leurs instincts et lui payer le tribut de leurs dépouilles.

— Cette sympathie, cette association, ce dévouement datent de l'arche de Noé, affirmait-il. C'est nous qui avons rompu l'accord par de méchants procédés et d'inutiles persécutions. Et malgré tout, le croirait-on ? les bêtes nous aiment et nous cherchent. Les bruits humains les attirent. C'est une loi que subissent les plus timorées. N'est-ce pas sous les murs des fermes que s'étendent les champs les plus giboyeux ¿ Est-ce que les lièvres et les perdreaux ne se tiennent pas de préférence dans les vergers des hameaux ? Les terriers les plus fréquentés ne se trouvent-ils pas à la porte même de la hutte des gardes ? Tous les charbonniers vous conteront que les chevreuils les contemplent avec plus de curiosité que de terreur, les approchent et finissent par saisir entre leurs doigts le pain qu'ils leur tendent.

∴

Toussenel n'avait pas de rival pour l'examen des *pieds* et des *passées*. Il lisait sur le terreau des routes forestières comme en un livre de vénerie et vous esquissait, en traits charmants, le portrait du brocard, du sanglier ou du loup qui avait imprimé sa corne, sa pince ou sa griffe dans le sol friable des sentiers. Ces traces étaient pour ses yeux des signatures révélant l'espèce, l'âge, le caractère et jusqu'à la pensée des individus. Il commentait les moindres empreintes en termes nets et précis, et l'on se passionnait pour une science élevée par son génie à la hauteur du merveilleux.

— Le chevreuil qui a sauté ici ce matin, me dit-il une fois, — en considérant la fourche d'un sabot mignon gravée dans le sable d'une ornière, — est amoureux d'une chevrette qui lui a fait des misères. Suivez-moi, vous allez en juger.

Nous traversâmes en droite ligne le massif où le brocard s'était enfoncé. De l'autre côté, sur la route parallèle, il me montra le « cachet » de huit pieds — ceux du couple adultère qui avait déguerpi à l'approche de l'Othello. Quelques secondes plus tard, à l'horizon d'un chemin, nous apercevions les personnages du drame : l'héroïne détalant tandis que l'époux et l'amant, arrêtés face à face, les bois en arrêt, se préparaient à un duel sans merci. Notre présence empêcha le combat. Les rivaux disparurent, craignant sans doute que les chevrotines de nos fusils ne permissent à la coupable chevrette, en la faisant deux fois veuve, de convoler en troisièmes noces !

Toussenel connaissait particulièrement les oiseaux qu'il avait épiés dès sa première jeunesse, alors qu'enfant il inventait des ruses et des pièges pour enrichir sa volière ou corser le menu de son déjeuner. Un jour, il s'arrêta devant un noisetier...

— Il y a un nid là-dedans.

— A quoi voyez-vous ça ?

— Naïf ! me dit-il, vous ignorez donc la propreté des oiselets ? Ils ne sont pas, comme nous, des êtres infirmes, sans pudeur et sans délicatesse, qui souillent leurs langes. Leurs yeux sont encore fermés, leurs membres débiles leur donnent à peine la force de se mouvoir qu'ils savent se retourner et jeter hors de leur berceau le trop plein de leurs entrailles. Or, quand vous verrez, comme ici, sur les feuilles basses d'un buisson des taches blanchâtres, élevez par la pensée, dans l'espace, une ligne perpendiculaire à ces taches et suivez des yeux le trajet ascendant de cette ligne, vous rencontrerez, plus ou moins haut, blottie dans un savant lacis d'herbes sèches et tapie sur un lit de laine et de duvets, une société de jeunes bipèdes, palpitants dans l'attente d'une pâture qu'on est allé quérir.

Et abaissant la branche la plus élevée du noisetier, le naturaliste me désigna de l'œil un nid de fauvettes. Ils étaient hideux, ces petits !... mais la mère, qui voltigeait aux alentours en jetant des cris d'alarme, me prouva que la grâce et la beauté viennent aux plus laids avec le temps... Je parle des oiseaux, bien entendu

*
* *

Toussenel trahissait le même intellect sur les rivières que dans les plaines ou dans les bois. Dans les eaux limpides il découvrait, entre la chevelure des plantes aquatiques, la coulée familière d'une carpe, aussi sûrement qu'il désignait la sortie habituelle d'un lièvre à la base d'une haie ou la rentrée d'un faisan sous les frondaisons d'un roncier. Je finis, grâce à son flair, par m'emparer d'un brochet de trente livres que je poursuivais depuis trois ans! Le monstre, qui couchait toujours dans les mêmes parages, partait chaque matin en chasse, au lever du jour, et franchissait invariablement l'étroit couloir formés par deux roches submergées, au pied d'une berge déserte. Sur le conseil de Toussenel, j'immergeai un filet en ce point; le brochet s'engagea dans les mailles qu'il prit pour des herbes flottantes, et finit, d'une noble fin, chez Brébant qui nous le servit à la sauce aux câpres.

— Comment, demandai-je à Toussenel, le soir du festin, comment avez-vous deviné que ce particulier passait entre ces pierres?

— Un jour que la Seine était particulièrement claire, j'ai aperçu à la base de la roche droite une écaille de forte dimension que le gaillard y avait collée. Défendue du courant par une saillie, l'écaille était restée adhérente, et brillait sous le flot comme de la nacre : sa forme et sa taille me dirent suffisamment à quel flanc elle appartenait.

Je dois à Toussenel d'avoir assisté aux agissements gastronomiques de l'écrevisse. Penché sur le bord d'un bateau, il me montra la perfide commère cachée dans un trou de la rive, troublant l'eau en fouillant le sol de sa queue et saisissant dans ses pinces les goujons imprudemment accourus avec l'espoir de trouver des vers dans le liquide devenu vaseux. Rien de plus drôle que l'écrevisse tenant sa victime comme un cigare et la portant à sa mâchoire; on dirait qu'elle la fume : au bout de deux minutes, la pince ne tient plus qu'une arrête — ensuite dédaigneusement abandonnée au fil de l'eau. L'écrevisse digère et recommence... jusqu'à ce qu'une forte sauce bordelaise venge les goujons et la punisse de ses forfaits.

A Toussenel, également, je dois le spectacle des canards pêcheurs — le sport le plus désopilant que je sache! On attache à la patte des canards un fil de laiton de cinquante centimètres garni d'un fort hameçon passé dans le dos d'un gardon ou d'une grosse ablette; et puis, on lâche les canards, ainsi gréés, sur un étang poissonneux.

Le brochet féroce et la perche avide se précipitent sur l'appât vivant et l'avalent. Mais l'hameçon qu'ils ont ingurgité du même coup les gêne; ils piquent vers les profondeurs du bassin dans l'espoir de s'en débarrasser et ils entraînent à leur suite le canard qui ne comprend rien à ce plongeon forcé. D'un vigoureux effort, le palmipède remonte à la surface, mais bientôt il est entraîné de nouveau dans l'abîme. Sa surprise se change en inquiétude; ses couâs-couâs deviennent lamentables. La capture qu'il a faite à son insu finirait par le noyer si l'on n'allait, en bateau, le prendre — et, avec lui, la proie furieuse que sa patte retient contre son gré.

∴

J'ai dans mon cabinet de travail une charge de Toussenel exécutée jadis par Riou, qui fut un caricaturiste de premier ordre avant d'être un dessinateur hors ligne. Cette charge a été brossée lorsque j'étais aux Plâtreries où je possède un cottage — qui fut illustré par un locataire de quelque renom. Il s'appelait Alphonse de Neuville et gagnait largement, à peindre des soldats, de quoi me payer ses termes, avec une exactitude aussi militaire que ses tableaux.

Là, de mon temps — du temps de Toussenel — habitait Furne, aujourd'hui défunt. Passionné pour la rivière sur laquelle il passait sa vie, Furne acheta un jour une toue (espèce de grand bateau plat) sur laquelle il éleva un abri de planches légères. L'intérieur de ce kiosque flottant où l'on se retrouvait, les après-midi, à l'heure du bain froid, fut tapissé de toiles; et les peintres sédentaires ou nomades de la localité couvrirent ces panneaux de figures, de paysages et de pochades plus ou moins sérieuses. Furne, obligé de quitter les Plâtreries, me céda cette embarcation originale : c'est ainsi que je devins possesseur de la charge de Toussenel...

Jusqu'à présent, je l'ai regardée en riant : aujourd'hui, je la considère avec attendrissement... Je pense que ce brave homme n'est plus et je me surprends à pleurer comme une bête... C'est bien naturel, après tout! Est-ce que toutes les bêtes ne doivent pas pleurer Toussenel, qui fut leur biographe et leur ami?

LES D'HAUSSONVILLE

AU CHATEAU DE COPPET

LES D'HAUSSONVILLE
AU CHATEAU DE COPPET

(Écrit trois ans avant la mort du comte d'Haussonville).

Me voici dans un restaurant, à Coppet, sur la rive suisse du lac de Genève.

En face, de l'autre côté du Léman, se dressent les pics savoisiens, semblables à des mastodontes accroupis au bord d'un immense étang bleu.

Au détour du chemin, apparaît une calèche dans laquelle j'aperçois deux visages connus. Ce sont ceux du comte-académicien d'Haussonville et de son fils Othenin — qui publie, dans la *Revue des Deux-Mondes*, de si remarquables articles sur le salon de Mme Necker. Je n'ai jamais visité le château de Coppet, immortalisé par tant d'hôtes illustres... L'occasion est si tentante que je sonne bientôt à la grille de l'antique demeure.

Pendant qu'on avertit ces messieurs de ma présence, je remarque, à droite et à gauche, les remises et les écuries où les valets abritaient jadis les carrosses et les montures des princes régnants, des savants et des littérateurs accourus en foule pour discourir avec Mme de Staël ou soupirer avec Mme Récamier. Par les portes entr'ouvertes de ces hangars vermoulus où règne la fraîcheur spéciale des endroits clos et abandonnés, je distingue, sur le sol humide, des traces de roues et des empreintes de fers à cheval... Qui sait? ces brins de paille qui gisent dans un coin sont peut-être tombés de la bouche des haridelles de M. de Voltaire. C'est peut-être le fiacre de Rousseau qui a creusé ces ornières comblées à moitié par la poussière d'un siècle? Ne serait-ce pas le char à bancs de Benjamin Constant qui a meurtri ce coin de mur, et la chaise de poste de M. de Chateaubriand qui a écorné cette borne?

En me retournant, j'aperçois le parc au fond duquel, dans un bois discret et touffu, sous des charmilles qu'il est interdit de franchir, s'élève le monument qui contient les corps de M. et Mme Necker et la dépouille de l'auteur de *Corinne*.

On sait que ces restes ne sont pas inhumés. Ils baignent dans d'énormes récipients remplis d'esprit de vin. L'alcool a prêté à ces cadavres fameux ses vertus préservatrices, en sorte qu'à une légère infiltration près on peut affirmer que les parents de Mme de Staël sont — comme elle-même — restés parfaitement reconnaissables. Mais on doit se borner à cette assertion;.... la porte du monument a été murée définitivement après les obsèques de l'ex-ambassadrice de Suède.

J'ai recueilli de la bouche de sa femme de chambre, qui vit encore, et cache dans une modeste habitation de Coppet ses quatre-vingt-quinze printemps, des détails curieux sur les funérailles de celle qui ne craignait pas d'encourir la colère de Napoléon Ier. D'autre part, grâce à un hasard heureux, il m'a été donné de jeter les yeux sur les Mémoires inédits d'un vieux gentilhomme genevois qui fut son contemporain. J'ai eu — par état plutôt que par indiscrétion — l'audace de copier sur ces documents (qui ont l'autorité des pièces historiques, et qui ne paraîtront qu'après la mort de leur auteur) certain passage relatif à la funèbre cérémonie. Le voici :

« C'est dans un cercueil péniblement porté à

« travers les allées du parc que Mme de Staël « rentra à Coppet. La matinée était belle et « fraîche et pourtant tout paraissait désolé. De « temps en temps, les porteurs déposaient leur « fardeau sur la terre humide, s'essuyaient le « front, puis reprenaient leur marche lente dans « un silence qui n'était troublé que par le fré- « missement du feuillage. Deux ou trois fidèles, « derniers débris d'une cour que les reines « eussent enviée, suivaient la grande morte dont « ils avaient célébré la vie et la conduisirent en « pleurant jusqu'au caveau qui lui réservait sa « funèbre hospitalité. »

En présentant ici le mélancolique tableau de ces funérailles aussi modestes et aussi discrètes que furent discutées et retentissantes les paroles et les œuvres de celle qui n'est plus, il me revient en mémoire une anecdote contée devant moi par l'éminent observateur qui l'a peint.

La scène se passe à l'Abbaye-au-Bois, chez Mme Récamier. Chateaubriand, qui n'était pas de bonne humeur, s'était couché sur un divan, la tête en bas, les pieds en l'air et gardait le plus imperturbable silence. La belle maîtresse de céans cherchait par tous les moyens à tirer une parole de cette bouche plissée et muette — mais elle n'y arrivait pas. A la fin, dans une révolte de sa patience, elle dit à Chateaubriand, d'un ton sec :

— Que vous est-il arrivé? où avez-vous passé la matinée?

— Dans la moutarde, madame.

— Quelle est cette plaisanterie?

— Ah! fit l'auteur des *Martyrs* avec un haut-le-corps, je n'ai donc pas le droit d'être malade et d'user de sinapismes?

Mais, quoique relevant de mon sujet, ces souvenirs m'entraîneraient trop loin. Je reviens à MM. d'Haussonville accourus à ma rencontre... Ils rentraient de Nyon où ils avaient conduit S. A. R. le comte de Paris qui, passant par Coppet pour gagner le Valais, avait déjeuné au château.

* * *

Qu'il me soit permis, tout d'abord, de remercier les châtelains de Coppet de leur affabilité. J'éprouve, je l'avoue, quelque orgueil à me sentir l'objet de la courtoisie de ces aimables gentilshommes qui, à l'illustration de la naissance, joignent une érudition profonde, de vraiment grandes façons et la pratique de toutes les vertus du foyer domestique. Quand il est donné de pénétrer dans ces trop rares intérieurs où l'existence est basée sur l'amour du travail, le souci de la dignité et les règles de l'honneur, où l'on entend apprécier toutes choses au point de vue du beau, du bien et du vrai, où les questions politiques elles-mêmes sont discutées sans ardeur, avec une tolérance, un libéralisme, une conscience et une philosophie de sens rassis et de haut goût, on se sent pris d'un respect et d'une admiration sincères.

J'ai eu l'honneur d'approcher plusieurs fois le comte d'Haussonville. La première, ce fut lorsque je traçai son portrait à l'occasion de l'entrée d'Alexandre Dumas fils à l'Institut. La publicité et le concours que mérite l'œuvre des Alsaciens-Lorrains, dont le comte d'Haussonville est le président, fut la cause de nos entrevues ultérieures. Tel je l'avais quitté dans son hôtel de la rue Saint-Dominique, tel je le retrouvai dans le château de l'illustre aïeule de sa femme.

La comtesse d'Haussonville, née de Broglie, trahit sa supériorité par des aptitudes et une instruction qui sont l'apanage spécial de la maison d'où elle est sortie par sa naissance et la caractéristique de la maison où elle entrée par son mariage. C'est là grande dame dans la stricte acception du mot. Comme tous les siens, elle a la douce simplicité et les façons naturelles qui constituent la plus enviable distinction.

Retenue dans son fauteuil par une affection rhumatismale, son mari et son fils me firent seuls les honneurs du lieu. Mes lecteurs concevront facilement l'intérêt, le charme de ma visite avec de tels guides.... C'était Mme de Staël me servant de cicerone par l'entremise de sa descendance.

.·.

L'éminent académicien me montra d'abord, au rez-de-chaussée, la statue de Necker par Canova — marbre superbe retrouvé gisant dans les caves du château. Et puis, la bibliothèque où l'on jouait la comédie devant un parterre de célébrités... Il paraît que Mme de Staël était une actrice hors ligne. Son masque tragique glaçait parfois l'auditoire de terreur. Un témoin oculaire (que j'ai cité plus haut) m'a conté qu'à certains moments ses grands yeux bruns emplissaient son visage avec des scintillements d'astres et triomphaient facilement des fumeux quinquets de la rampe. A l'endroit même où l'on dressait l'estrade les soirs de gala, se trouvent l'épinette de l'auteur de l'*Allemagne*, pieusement fermée à clef, et un bois de lit — massif et doré — à garniture de soie brochée sur fond chiné. Le groupe des Amours qui surmontaient le baldaquin repose sur une table. Ils ont — en dépit de leur attitude enjouée — l'air grave de gardiens discrets, fiers d'avoir veillé sur le repos d'une si grande gloire et protégé le sommeil d'un si grand talent : au même étage, la chambre de Mme Récamier, reine de séductions et de grâces, à laquelle Mme de Staël disait :

— Je donnerais tout mon esprit pour une heure de votre beauté.

Les meubles de cette pièce sont intacts, les tapisseries et les paravents sont à leurs mêmes places ; la tenture du lit d'acajou à bateau exhibe devant le visiteur ses mêmes plis d'étoffe grisâtre rayée et son même couronnement en forme de minaret coupé par la moitié : rien n'a été changé. On dirait que la déesse a quitté son temple tout à l'heure.... Voilà donc où dormait celle qui mit tant de cœurs à mal — celle qui refusa la main du fils d'un roi — celle qui, dans ses caprices de coquette fantaisiste, enjoignit à Benjamin Constant d'ôter ses escarpins et d'entrer dans son salon uniquement chaussé de bas de soie à jours !

Au premier étage, où l'on arrive par un escalier large et sonore, il m'est donné de voir une grande quantité de reliques toujours serrées et enfermées en l'absence de la comtesse. Je touche nombre d'intéressants objets que les visiteurs ordinaires n'ont jamais vus. J'admire sur une console un déjeuner de porcelaine, cadeau posthume légué par Buffon à Mme Necker. En tête d'un parchemin jauni par les ans, que j'extrais des flancs de la cafetière, je lis : « Testament de M. de Buffon. » Sur un divan, en manière de housses, des cachemires indous, fins et souples, de nuances diverses. J'apprends que ces écharpes ne sont autres que les turbans si connus de Mme de Staël... J'allais m'asseoir dessus! Profanation!!!

Au milieu de la pièce, les meubles recouverts de damas rouge qui garnissaient le cabinet ministériel de M. Necker. Je pense, malgré moi, aux solliciteurs qui ont usé et fané ces sièges officiels et je me rappelle qu'il y a quelques années, une Excellence que j'avais dû entretenir place Beauvau, me montrait les chaises et les canapés de son bureau :

— Il en a passé du monde là-dessus! me disait plaisamment le secrétaire d'État. Tenez! voilà le fauteuil que je désigne le plus souvent aux amateurs de bureaux de tabac. Celui-ci est réservé aux croix d'honneur. Cet autre aux préfectures. Celui-là, qui est usé jusqu'à la corde, a la clientèle des journalistes...

— Auxquels vous demandez des services?

— Permettez-moi de ne pas vous répondre et poursuivons... J'ai entendu prononcer sur ce pouf le plus joli mot d'égoïste qu'on puisse imaginer. Un fonctionnaire était ici — réclamant la succession d'un préfet agonisant. — C'est affaire entendue, lui dis-je, mais laissez-moi attendre, pour vous donner une assurance formelle, la mort du malheureux qui ne tardera guère, car il a une phthisie galopante...

— Galopante, monsieur le ministre? En êtes-vous sûr? j'ai peur qu'elle trotte seulement.

Mais j'oublie les salons de Coppet.

M. le vicomte Othenin d'Haussonville a récemment découvert dans les greniers du château une sanguine qui représente Mme de Staël. Œuvre remarquable — de Drouais, probablement. Également dénichées sous des meubles, dans les combles, une foule de miniatures des de Broglie, et des parents ou amis des châtelains de Coppet, toutes plus fines et plus jolies les unes que les autres. Comme ces ivoires éternels sont supérieurs à nos éphémères photographies!

Je crois pouvoir me dispenser de parler des toiles appendues aux murs. Qui ne connaît (de réputation au moins) les portraits de M. et Mme Necker, par Duplessis; ceux de M. et Mme de Broglie, par Ary Scheffer, et le beau tableau où l'on voit le premier mari de Mme de Staël, l'ambassadeur de Suède, avec son justaucorps de velours noir garni de rouge et sa clef de chambellan sur l'abdomen. Le temps a déplacé ces insignes. C'est dans le dos que se porte présentement cette haute serrurerie. Qui sait ce que l'avenir nous réserve et où finira par s'arrêter cette clef voyageuse? Si elle descend un peu, les chambellans s'asseoiront dessus et nous aurons des cris de douleur dépourvus de majesté en pleine cérémonie officielle... Je n'exprime pas ces appréhensions pour la France, où les chambellans sont devenus très rares — ce qui, en somme, est le plus mince désagrément de notre situation.

Avant de finir, un mot de l'unique portrait de Voltaire qui décore aujourd'hui un des panneaux du salon de Coppet. Le seigneur de Ferney, avec sa bouche édentée, son nez tombant, son œil démoniaque et sa peau ridée, — le tout coiffé d'un énorme bonnet de nuit en tulle ruché et enrubanné — a l'air d'une vieille sorcière malfaisante. Le peintre qui a brossé cette image, étonnante de vérité, s'appelait, je crois, Hébert, et avait consacré sa vie à reproduire les traits du père de *Candide*. C'est, dit-on, le dernier portrait de Voltaire. Des flatteurs et des flatteuses le traitèrent longtemps de caricature. Mais qu'on ne s'y trompe pas, Voltaire a dû être ainsi. C'est le masque de Houdon avec quelques années en plus.

Au surplus, il ne faut pas oublier que le ciseau du sculpteur est tenu à une certaine réserve, alors que le pinceau du peintre a la latitude d'être plus sincère. La toile n'a pas les obligations du marbre. En cas de litige, je m'en rapporte à Michel-Ange !..

ISABEY

ISABEY

Pauvre et cher Isabey! L'expert Georges Petit, en vendant son œuvre posthume il y a deux ans, a évoqué en moi des souvenirs auxquels sa réputation et sa personnalité prêtent de l'intérêt.

Je veux, en les consignant ici, laisser penser tout haut mon cœur et maintenir dans le domaine sentimental une étude qui risquerait d'être incorrecte ou maladroite sur le terrain artistique.

Des critiques accrédités et compétents sauront, mieux que moi, décrire et juger un des talents les plus appréciés de la phalange des peintres modernes; je doute qu'ils puissent plus fidèlement présenter la vie privée du maître dont l'atelier n'était ouvert qu'à de rares privilégiés, assez heureux pour lui inspirer de la sympathie et de la confiance.

J'étais fort jeune alors, et je me rappelle vaguement les circonstances qui me donnèrent accès dans le temple. Ce dont je me souviens, c'est que, demeurant dans l'avenue Frochot à côté d'Isabey, je profitai d'un matin de 1864, où sa porte était entrebâillée, pour me glisser dans la place.

Depuis cette indiscrète irruption, il ne se passa pas de jours, pendant plusieurs années, où je n'allasse m'étendre, des heures entières, sur son divan — le regardant travailler, prêtant l'oreille à ses propos et assistant à l'éclosion, étonnamment prompte, des tableaux que les amateurs et les marchands se disputaient déjà... Il advint, une fois, qu'en présence de la facilité avec laquelle les toiles se couvraient, sous mes yeux, de scènes gracieuses ou dramatiques, je m'imaginai qu'un tel résultat était simple à obtenir et je demandai au grand artiste de m'initier aux secrets de sa facture féconde, fougueuse, exubérante, et comme engendrée par le contre-coup d'un bouillonnement intime et inconscient.

Il me dévisagea d'un air surpris et me dit, après un moment d'hésitation : « Ma foi, je serais ravi de faire un élève ; jusqu'à présent, je n'ai trouvé personne qui comprît bien mes idées. »

*
* *

Ce que l'excellent homme appelait ses idées, c'était son génie.

Sous l'empire d'une touchante modestie, il croyait que tout le monde, en s'y appliquant, aurait pu concevoir et enfanter comme lui. Si je m'avisais de le complimenter, il paraphrasait le mot du statuaire : « Pour faire un buste, on saisit un bloc de glaise et l'on en ôte ce qu'il y a de trop. » Il me disait en me montrant sa palette et la toile encore blanche du chevalet : « Un tableau, ce n'est pas la mer à boire : il s'agit de prendre un peu des couleurs qu'il y a ici et de les étaler là. »

Il plaisantait volontiers. Grâce aux leçons de l'immortel miniaturiste qui fut son père, il savait la nécessité des études préparatoires, l'importance du dessin et les secrets de la préparation des tons ; mais ce savoir était pour lui un bagage d'ordre primordial, une éducation forcée qui, lorsqu'elle était complète, devait affranchir ultérieurement le peintre de la servitude des modèles, des mannequins et de tous les accessoires.

J'ai assisté aux travaux d'Isabey pendant cinq ans ; je ne me rappelle point qu'il ait fait

— une seule fois — poser quelqu'un ou quelque chose ! Il voyait dans l'espace, par suite d'une évocation prodigieuse, le bonhomme ou l'objet qu'il voulait représenter... Et son pinceau, animé de mouvements fébriles, s'agitait, marchait, sautait, barbottant dans l'essence, se chargeant de couleur et plaquant des « valeurs » en touches légères, sur le panneau. De l'ensemble et de l'habitude de son corps émanait — en dépit de ses cheveux tout blancs — un je ne sais quoi de particulièrement juvénile qu'accentuait encore son visage rasé, l'exiguïté de son individu et la pétulance de son geste. Il attaquait sa composition en vingt points différents, n'esquissait que très rarement et passait d'un personnage à un meuble, sans les finir, pour les reprendre ensuite. Cette manière heurtée, incohérente, avait pour résultante les toiles que l'on sait ! Une des singularités de son procédé était non pas d'étaler un ton, mais de le « piquer ».

C'est ainsi que furent exécutés les innombrables tableaux et les milliers d'aquarelles et de dessins qui constituent son œuvre. Il a été supérieur dans plusieurs genres — d'une supériorité bien originale et bien à lui, qui ne souffre de comparaison avec aucune autre supériorité du même ordre. Ses marines, ses portraits, ses paysages, ses intérieurs, ses mousquetaires, ses alchimistes, ses damoiselles, la foule grouillante de ses acteurs comme la colère de ses vagues, la fureur de ses duellistes aux prises comme l'effort de ses matelots dans la tempête, tout ce qui est issu de sa verve porte un cachet tellement caractérisé qu'un Isabey n'a point besoin d'être signé pour être reconnu et que ses plagiaires ou ses imitateurs n'ont jamais pu tromper qui que ce soit.

*
* *

J'oublie de dire que la seule et unique leçon de peinture que je reçus d'Isabey produisit des résultats lamentables... J'accouchai d'un barbouillage étrange et repoussant. J'étais à cette époque étudiant en médecine, et le maître, qui était malicieux à ses heures, me dit en souriant :

— Décidément, vous êtes né pour être chirurgien. Votre vocation vous domine : vous avez voulu peindre un bateau et vous avez fait une tumeur !

Et il ajouta, pour me consoler de mon échec :

— Cela ne vous empêche pas de raisonner assez juste et d'avoir le sentiment de ce qui est beau. Si vous renoncez à la médecine pour vous jeter dans l'art, vous ne serez jamais Raphaël ou Michel-Ange, mais vous serez peut-être Gustave Planche ou Théophile Gautier. *C'est toujours ça !*

Le mouvement dont il accompagna ces derniers mots était significatif.

Isabey se souciait très peu des jugements imprimés à propos de ses envois aux Salons ; il avait non pas le mépris, mais l'indifférence de la critique, et ne comprenait pas qu'un peintre perdît son temps « à jouir ou à rager des éloges ou des blâmes adressés à ses productions. »

Quand un confrère se plaignait devant lui d'avoir été malmené par la presse, il répondait : « Pendant que vous vous morfondez à geindre, vous auriez déjà ébauché un bon tableau. »

C'était bien la réflexion d'un travailleur ardent et opiniâtre ! Il commençait et terminait jusqu'à trois panneaux de genre opposé dans la même journée, et s'il se reposait c'était pour jouer de l'orgue, instrument sur lequel, sans aucune éducation musicale (il ne savait pas le nom d'une note !), il improvisait des marches, des danses ou des romances d'une mélodie saisissante. Là, comme devant son chevalet, il étonnait ses visiteurs par un acquit naturel et une étrangeté harmonique. Bref, qu'il maniât la brosse ou laissât errer ses doigts sur le clavier, on sentait un être doué d'instincts spéciaux et servi par un tempérament à part.

*
* *

Je me complaisais à le traiter de romantique, ce dont il se défendait, car il prétendait n'avoir jamais franchi les limites du réel, et affirmait que toutes ses compositions étaient « arrivées ». Un jour, j'émis l'opinion qu'il était le Dumas père de la peinture et que nul mieux que lui n'illustrerait les *Trois Mousquetaires*. « Un peintre, me dit-il, ne doit *illustrer* per-
» sonne, ou alors c'est qu'il n'est pas complet.
» S'il a du talent, son tableau est à lui seul un
» drame ou un vaudeville qui n'a besoin ni de
» prose ni de couplets, et qui doit tout racon-
» ter : prologue, épisodes et dénouement. Ce
» que je dis pour le peintre s'applique au litté-
» rateur. Si un livre et un poème sont à leur
» degré de perfection, des dessins n'ajoutent
» rien à leur mérite... Et la preuve, c'est que je
» vous défie de me citer un écrivain de génie
» qui ait obtenu un surcroît de notoriété en
» intercalant des gravures dans son texte ! Dites-
» moi ce qu'ont gagné Shakespeare, Molière,

» Musset et Lamartine au concours des crayons » les plus fameux ? »

Il me paraît inutile d'appeler l'attention de mes lecteurs sur une seule des œuvres que la mort a jetées à l'encan.

Depuis les plus importantes par leur dimension, comme le *Pardon en Bretagne,* la *Tentation de Saint-Antoine* et la *Bénédiction de la Saint-Hubert,* jusqu'aux plus petites, comme le *Coup de canon*, le *Combat naval* et le *Bateau à l'ancre*, toutes trahissent l'imagination débordante d'Isabey, sa sûreté de main et sa maëstria de metteur en scène.

Même dans les sujets ingrats, hâtivement traités ou incomplètement venus, on retrouve « la patte » d'un Maître qui appartient à la postérité et sera compté parmi les gloires de l'École française.

DON CARLOS

DON CARLOS

On se souvient qu'en 1876, Don Carlos, après avoir échoué dans une campagne à l'issue de laquelle il espérait occuper le trône de ses ancêtres, passa par Boulogne-sur-Mer où il demeura quelques jours. J'allai le voir. Voici les notes relatives à cette curieuse interview, notes oubliées dans un carnet, au fond du tiroir d'un vieux bureau. . . . .

Arrivé cette nuit, je suis descendu à l'hôtel où Don Carlos loge avec sa suite... Le hasard, un hasard que je bénis, m'a fait trouver, levés encore, les officiers d'ordonnance du prince qui ont mis une grâce charmante à me donner les renseignements qui m'intéressent.

Je me suis entretenu avec eux une partie de la nuit. . . . .

Ce matin même, j'ai eu l'honneur d'être présenté à Don Carlos qui m'a retenu dans une causerie qui a duré une demi-heure. Il ne m'a pas paru découragé. Loin de là.

— « Par la politique ou par les armes, m'a-t-il dit, je sens que je suis appelé à tenir ce sceptre que je n'ai pu, cette fois, conquérir. »

Le dévouement — je pourrais presque dire le fanatisme — qu'inspire Charles VII à son entourage, l'entretient dans cette foi véritablement robuste... Mais j'aime mieux laisser cette question de côté; je suis observateur et non pas juge.

Don Carlos devait se rendre le jour même en Angleterre; une effroyable tourmente qui régnait sur la Manche l'a décidé à remettre son départ. C'est par considération pour sa suite qu'il a consenti à ce retard, car ses instincts hardis lui font mépriser le danger.

Un mot qui caractérise bien cette nature dont les destins contraires auront difficilement raison:

Quelqu'un disait au prétendant, en manière de condoléance :

— Il est fâcheux, Sire, que votre campagne ait fini de la sorte... Et dire que vous avez, à deux reprises, presque touché le but!

Le prince répondit avec son sangfroid habituel :

— Ne regrettez rien... Je n'ai jamais été si près de Madrid qu'aujourd'hui.

Le comte de Blacas et M. Libman, — le légitimiste courageux qui a, sous la Commune, préservé le Monument expiatoire — ont déjeuné avec le prince... De nombreux visiteurs se sont présentés ensuite. Une adresse a été lue par le comte de Rosny, représentant du comte de Chambord. Le duc Des Cars arrive à l'instant.

A trois heures, Don Carlos s'est promené dans la ville. Il avait besoin de vêtements. Ceux dont il est couvert sont les mêmes qu'il a quittés, il y a trois ans, pour revêtir le costume militaire porté jusqu'à la dernière heure de sa campagne. Sa taille est si élevée qu'il n'a pu trouver des habits assez grands.... Et le voilà forcé de se rendre le soir au Casino international qui l'a invité, dans un costume plus que défraîchi.

J'avais eu, on le reconnaîtra, de la vraie chance en étant de suite accueilli; je n'ai pas été moins heureux par la suite, ainsi qu'on va le voir; mais reprenons le récit par le commencement et par le menu.

On m'avait beaucoup exagéré à Paris les mesures et les précautions prises par le gouvernement français pour éviter les manifestations hostiles ou sympathiques autour de la personne de Don Carlos — en sorte que je craignais, en demandant des détails trop ouvertement, d'appeler l'attention sur moi ou plutôt contre moi.

Dès le seuil de l'hôtel, la présence de deux sergents de ville m'avait fait comprendre que le prince fugitif était là. Il régnait d'ailleurs dans l'auberge une animation insolite. Le pas empressé des valets et des caméristes faisait retentir les corridors, et les fenêtres étaient presque toutes éclairées.

Classiquement accueilli par M. Lacoste et sa femme — qui, soit dit en passant, sont les plus affables hôteliers du littoral — je réclamai du thé, qui me fut immédiatement servi dans une salle basse. M. Lacoste tournait autour de moi, en laissant voir que mon arrivée, à cette heure indue, l'intriguait au superlatif.

— Quel temps! lui dis-je d'un air que je m'efforçai de rendre indifférent; don Carlos ne pourra pas s'embarquer tantôt...

— Ah! Monsieur est au courant.

— Je suis au courant de tout, continuai-je simplement en dévorant mes sandwichs.

Et j'ajoutai entre deux bouchées, en clignant de l'œil avec malice :

— Je connais même l'hôtel où le prince est descendu.

L'hôtelier regarda sa femme, qui lui dit brusquement :

— Pourquoi faire du mystère avec Monsieur? tu vois bien qu'il est Espagnol.

Vous pensez que je ne protestai point...

A partir de ce moment, toute réserve fut délaissée et, cinq minutes plus tard, j'apprenais que le prétendant dormait au-dessus de ma tête — qu'il était accompagné de cinq officiers et de quatre domestiques — qu'il avait dîné de bon appétit — et qu'il avait mandé M. Lacoste pour le complimenter sur l'excellence de sa cuisine et sur le confortable de son établissement.

— Ah! Monsieur! s'écria l'hôtelier en s'attendrissant au souvenir des éloges qu'il avait reçus, Comme le roi est aimable... Il trouve tout bon!

Mais je voulais des renseignements plus précis. Je désirais surtout m'assurer que j'approcherais Don Carlos, le lendemain. Aussi, ayant appris que les amis du prince n'étaient pas encore couchés et qu'ils devisaient dans une pièce voisine, je fis passer ma carte au général de Velasco, chef de la maison militaire de Charles VII. Ce dernier me dépêcha incontinent le marquis de B..., un jeune aide de camp d'une rare courtoisie.

On nous laissa seuls et nous nous entretînmes longuement au coin du feu, la cigarette aux lèvres... Je garderai toute ma vie la mémoire de cette conversation à laquelle la tempête du de-

3.

hors prêtait une certaine saveur... Les vagues, que la haute mer poussait furieuses, jusque dans le port, grondaient avec des bruits d'artillerie lointaine, et, durant l'accalmie des rafales, nous entendions dans la nuit le cri étrange des matelots — veilleurs — s'avertissant, entre eux, de consolider les amarres.

Le marquis de B. a vingt-quatre ans à peine : il a guerroyé aux côtés de son roi, depuis le premier jour de la lutte jusqu'à la dernière seconde. C'est de sa bouche que j'ai appris les phases suprêmes de cette expédition de laquelle je puis dire qu'elle tient du roman et rappelle les chevauchées aventureuses des paladins des âges passés.

— Monsieur, me dit le jeune et brave lieutenant, je ne vous parlerai pas de nos dernières batailles. On les a relatées d'une façon plus ou moins fidèle Je vous veux seulement raconter les scènes émouvantes de la dernière heure — celles qui ont précédé le renoncement de Charles VII à une entreprise que la trahison a si tristementfinie... Oh! ne souriez pas! Je sais que les vaincus sontmalvenus à prononcer ce mot—car on l'attribue au dépit qui suit les défaites. Nous avons été trahis, je l'affirme et je puis le prouver. Mais là n'est pas la question...

Acculés dans l'impasse que forme, au nord

de Roncevaux, la chaîne des montagnes frontières, les dix mille hommes groupés autour du roi, et résolus à subir sa destinée, étaient d'avis de résister encore aux forces considérables qui nous cernaient de toutes parts. Charles VII lui-même voulait tenter un dernier effort, mais ayant appris que ses soldats n'avaient plus que trois cartouches, et qu'il fallait abandonner tout espoir de ravitaillement, il pensa qu'assez de sang avait été répandu, et il nous fit part de sa décision d'abandonner le terrain. Nous nous inclinâmes devant la volonté du maître... Coïncidence navrante !... C'est dans un village qui porte son nom — Val-Carlos — que le roi signifia à ses troupes l'ordre de détruire leurs armes et leurs munitions. Ceux qui ont été soldats comprendront nos larmes au moment de brûler nos étendards, de briser nos fusils et d'enclouer nos canons !... Après cette triste opération, nous franchîmes la frontière, et, en quittant le sol de l'Espagne, nous entourâmes Don Carlos en poussant le cri de : Vive le Roi ! — le même qui l'avait accueilli trois ans auparavant quand il passa les Pyrénées.

Vous savez, Monsieur, que lés troupes carlistes ont préféré l'internement en France à la générosité des libéraux, mais savez-vous que la garde royale, pour escorter son roi, jusqu'à Mauléon, a crevé ses chevaux, et ne s'est séparée de lui que pour se rendre dans les résidences fixées par les autorités françaises ?

Charles VII, dans cette douloureuse retraite, ne se départit point une minute de son calme. Il me souvient même d'un détail qui prouve à quel point il était resté en possession de lui-même au milieu de ses épreuves.

Dès que nous fûmes sur le territoire français, il se tourna vers son état-major, et faisant allusion à la discipline rigoureuse qu'il nous a toujours imposée :

— Maintenant, Messieurs, je ne pourrai plus vous mettre aux arrêts, nous dit-il.

Nous lui répondîmes que nous nous considérions plus engagés que jamais à suivre sa fortune, et nous étions sincères, allez ! Au surplus, l'abnégation du roi explique l'attachement qu'il inspire à ceux qui l'approchent. Comment ne pas l'aimer et ne pas l'admirer !... Je l'ai vu rester vingt-quatre heures à cheval sans boire ni manger — prodiguant à tous ses félicitations — même dans les revers — et luttant contre le découragement qui s'était emparé de quelques-uns de ses bataillons.

J'ai lu, pendant notre voyage de Pau à Bordeaux, un journal français qui accuse Don Carlos de lâcheté et avance qu'il n'a jamais risqué sa vie. Lâche — lui ! Soucieux de son existence — lui ! Je l'ai surpris, dans une affaire, recueillant dans ses bras le corps d'un soldat auquel il donnait un ordre. Le malheureux venait de recevoir trois balles. Une autre fois, Charles VII visitait une tranchée, un officier qui le suivait sur la crête de l'épaulement eut le bras emporté par un boulet. Il s'affaissa en criant : Vive le roi ! et comme Sa Majesté s'était penchée et embrassait le blessé, les larmes aux yeux.

— Pourquoi pleurer ! sire, dit-il doucement, ce n'est que le bras gauche : le meilleur me reste pour le service de Votre Majesté.

Les princes qui sont lâches n'inspirent pas de tels héroïsmes !

Vous me demandez, Monsieur, quels sont les habitudes et les appétits dominants de Sa Majesté? C'est un soldat dans toute l'acception du terme... Il adore les situations périlleuses, et l'on dirait qu'il est attiré vers le danger par une sorte de magnétisme dont il subit les effets à son propre insu. Agé de vingt-huit ans à peine, il a toutes les fougues de la jeunesse tempérées par l'intelligence hâtive que les fils de roi trouvent presque tous dans leur berceau. Il n'est pas superstitieux, mais il tient de son aïeul Henri IV une foi aveugle dans son étoile. Son avènement au trône de ses pères lui paraît chose consacrée, et il dit à ce sujet :

— J'ai mon trône, mais je ne l'occupe pas.

Sobre, indifférent aux satisfactions de la bonne chère, le roi n'a qu'une passion dominante : il aime fumer. Il fume toujours et la qualité du tabac qu'il consomme lui importe peu. Il trouve également bons tous les cigares. Quelqu'un lui ayant adressé à son quartier général une boîte de Partagas d'un prix élevé, il épuisa cette provision en deux jours.

— Sa Majesté a trouvé ses cigares très bons ? lui demanda son valet de chambre.

— Presque aussi bons que ceux d'avant-hier, répondit-il.

Or, « ceux d'avant-hier » étaient des cigares d'un réal que l'on distribuait aux troupes, après les engagements.

Il en est de même pour le vin. Sa Majesté ne distinguera pas un bon crû d'une piquette aigrie. De son physique, je ne vous dirai rien... Je vous présenterai au roi. Je suis sûr que vous n'échapperez pas au charme et que vous désapprouverez la façon dont certains journaux ont traité ce prince qui, s'il avait triomphé, eût compté parmi les défenseurs de sa cause ceux-là mêmes qui l'accablent aujourd'hui.

— Capitaine, répondis-je, je ne vous suivrai

pas sur ce terrain,.. Je suis venu dans un but purement descriptif et documentaire. Mais vous me semblez avoir l'esprit trop élevé pour ne pas excuser, sinon admettre, une impression répandue en France. On dit généralement que le jour où l'Espagne a confié ses destinées à Alphonse XII, Don Carlos, qui combattait au nom du bonheur de l'Espagne, devait se retirer en disant à ses partisans : « Si mon cousin donne à ma patrie la prospérité que je comptais lui apporter, mon but sera atteint, et je lui cède la place de grand cœur ; je me réserve seulement de rentrer dans l'arène le jour où les événements prouveront que le gouvernement d'Alphonse XII n'offre pas à mon pays les garanties de paix, d'ordre et de stabilité qu'il a le droit d'exiger de son souverain. » Parlant ainsi, Charles VII était vraiment grand, et son patriotisme était indiscutable...

Le marquis secoua la tête comme s'il avait jugé ma comparaison dépourvue de justesse, et nous nous levâmes pour gagner nos chambres respectives.

Le jour naissait.

En montant l'escalier, nous rencontrâmes un négrillon d'une douzaine d'années, qui portait la livrée du roi.

Mon interlocuteur vit mon regard chargé d'interrogations.

— Le roi, me dit-il, a attaché cet enfant à sa personne dans des circonstances assez intéressantes.

Il était clairon dans un des bataillons de Navarre et, durant une bataille, on le vit alternativement sonner la charge et faire le coup de feu avec une énergie et un courage au-dessus de son âge. Quand le canon de son fusil, échauffé par des décharges précipitées, devenait trop brûlant, il mettait son arme en bandoulière et embouchait sa trompette pour recommencer ses fanfares avec une furie indescriptible.

Charles VII ordonna qu'on incorporât ce nègre dans sa garde, lui fit donner de l'instruction, et, quand vint la fin de la guerre, il consentit à garder à son service ce Havanais qui se ferait hacher pour son roi.

Avant de nous séparer, il fut convenu qu'à onze heures le marquis me présenterait à Don Carlos.

Inutile de dire que je fus exact...

Onze heures sonnaient lorsque je fus introduit dans le petit salon contigu à la chambre du prince. Après quelques secondes d'attente, la porte s'ouvrit et je vis apparaître un grand jeune homme au teint basané qui me tendit la main — une main longue, fluette et d'une maigreur aristocratique.

— Monsieur, me dit-il, recevez d'abord mes remerciements. Le nombre de ceux qui saluent les rois qui partent est plus petit que le nombre de ceux qui saluent les rois qui arrivent. Je vous sais gré de votre démarche. Mais asseyons-nous, nous causerons mieux.

Et m'ayant désigné la place restée libre à ses côtés sur le sopha, le prince reprit :

— Que vous dirai-je ? Don Carlos a été vaincu, mais le carlisme est toujours debout.

Je hasardai que les triomphes des armées libérales allaient consolider Alphonse XII sur son trône.

— Pour quelque temps et en apparence, — me répondit le prétendant, mais je crois que la révolution qui s'était apaisée, pour ne pas me servir, va de nouveau lever la tête et donner de la tablature au gouvernement de mon cousin.

Don Carlos me raconta ensuite comment, après avoir eu 80,000 hommes sous ses ordres, la défection, la mort et le découragement avaient réduit son armée à une poignée de braves, et par suite de quelles opérations stratégiques les libéraux avaient bloqué, à Val-Carlos, cette troupe de fidèles. Il me parla aussi de certaines cruautés et de certaines exactions reprochées à ses soldats, cruautés dont on l'avait rendu responsable — alors qu'il avait constamment poursuivi et réprimé dans son armée toute infraction aux règles de la guerre chevaleresque et loyale.

Et pendant qu'avec une élocution facile et une lucidité parfaite, le duc de Madrid me traçait le tableau de ses dernières manœuvres, j'admirai sa prestance superbe, la noblesse de ses gestes et surtout sa confiance invincible dans l'avenir.

Don Carlos porte toute sa barbe. Ses cheveux noirs, rejetés en arrière, découvrent un front bombé où les phrénologues montreraient les signes accusés d'une volonté de fer et d'une énergie sans relâche. Sous d'épais sourcils brillent des yeux ardents et enflammés — qui vous fixent avec autorité.

Le nez, qui échappe à la courbe bourbonnienne, est mince à son sommet et s'épanouit à sa base. Une moustache peu fournie ombrage imparfaitement ses lèvres épaisses. La bouche qui avance un peu, reste au repos à demi-ouverte, — en sorte qu'on aperçoit, sur les dents, l'action corrosive des cigares que Don Carlos fume constamment. Le corps est mince, élancé, de forme élégante et bien proportionné... La statuaire n'y trouverait rien à redire.

Don Carlos était habillé d'un vêtement bleu à la coupe démodée... Le prince avait commandé des vêtements à son passage à Pau, mais ils ne purent lui être livrés à temps. Il a dû partir dans ce costume civil qui semble le gêner et dont il a, depuis trois ans, perdu l'habitude. Son pantalon noir, collant, disparaissait, au niveau du genou, dans de hautes bottes de campagne, qui dessinaient la finesse de son pied long et effilé. Enfin, (je ne veux rien oublier) le prétendant portait une cravate noire dont le nœud tout fait avait les rouges reflets que la soie gagne après un long usage.

Durant l'entretien, le duc de Madrid me confia à plusieurs reprises qu'il était inquiet du sort de ses soldats, internés dans nos villes du Midi.

— Si vous saviez, me dit-il, quelles marques d'affection ces hommes m'ont données; quels ont été leur abnégation et leur courage — vous comprendriez ma sollicitude. Ce qui me rassure, c'est de penser qu'ils sont en France — le pays où la sympathie et les égards ne font jamais défaut aux grandes infortunes — quelles que soient leurs causes déterminantes. Et, à ce propos, je dois vous avouer que je suis vivement touché des marques de déférence qui m'ont accueilli depuis que le sort des armes m'a jeté hors de l'Espagne.

Ce disant, le prince me serra les mains avec effusion et la pression de ses doigts accentua la sincérité de ses dernières paroles.

Je me retirai...

Et quand, une heure plus tard, je bouclai ma valise pour regagner Paris, il me revint dans l'esprit qu'il y a quelques années, j'étais reçu à Pau par S. M. la reine Isabelle détrônée et fuyant la révolution ! Don Alphonse enfant me serrait la main aussi... Et aujourd'hui, Don Alphonse est sur le trône !

Décidément, le voyage est une école de philosophie. On y gagne parfois des courbatures, mais on en dégage toujours des enseignements... Mon voyage à Pau, rapproché de mon voyage à Boulogne, ne prouve-t-il pas que tout vient à point à qui sait attendre... les caprices des peuples.

Don Carlos et sa suite se sont embarqués à deux heures et demie pour Londres, à bord du paquebot *Alexandra*. Une foule silencieuse assistait à ce départ.....

Les événements ont donné tort à la foi du duc de Madrid dans l'avenir. Exilé de France, il demeure tour à tour à Londres et à Venise; son naturel actif lui rend insupportable toute résidence prolongée en un lieu quelconque. C'est pourquoi il a visité l'Inde, les deux Amériques. Il est de ces princes qui ne quittent le bâton du voyageur que pour saisir le sceptre du monarque. Après avoir espéré un moment que la mort d'Alphonse XII déterminerait un mouvement en sa faveur, il doit, j'imagine, devant la régence heureuse de la reine Christine, perdre un peu de sa confiance... Mais c'est une supposition dont je ne me porterais pas garant. Don Carlos appartient à la race des prétendants dont la mort seule terrasse les espérances !

FEU MADAME BONTOUX

FEU MADAME BONTOUX

Madame Bontoux est un des souvenirs chers à tous les gourmets — dont l'estomac est capable de reconnaissance.

Quand elle mourut, un de ses plus illustres clients, — qui fut aussi son meilleur ami, — avait les yeux rouges.

— Eh ! quoi, lui dit quelqu'un, vous pleurez une marchande de comestibles !

— Ah ! répondit-il, ce sont quelques gouttes de l'eau qu'elle m'a fait venir à la bouche qui me montent aux yeux.

En effet, nulle, mieux que Mme Bontoux, n'a su procurer aux palais blasés des jouissances inédites. Les plats qui sortaient de son sous-sol pour se répandre par la ville, avaient des saveurs incomparables, et c'est avec l'estomac, plutôt qu'avec le cœur, qu'il faut chanter cette célébrité morte sur la brèche... Deux heures avant sa mort, elle dressait un menu pour je ne sais quelle ambassade !

⁂

Qui ne se souvient encore de son attitude, de sa physionomie à part, lorsqu'elle était assise derrière son comptoir de la boutique de la rue de l'Echelle — boutique subsistante encore.

Elle présentait l'apparence de ces fées rabougries, trottinant à pas menus, dans les féeries de Clairville, courbées sur leur canne à bec de corbin et proférant à l'avant-scène, d'une voix chevrotante, des menaces contre les « Princes Charmants » rebelles à leurs avances.... A tous moments, on s'attendait à la voir se métamorphoser en séduisante bayadère. Mais nul ne tirait la ficelle du « changement ». L'octogénaire restait accroupie dans son costume sombre, et coiffée de l'énorme chapeau noir au fond duquel apparaissait son visage semblable à un bloc de vieil ivoire. De temps à autre, on voyait s'agiter le tas de mérinos foncé qui donnait une forme à ce corps décrépit. Une main jaune et osseuse portait à un nez respectable une pincée de tabac qui était lentement reniflée... et puis tout rentrait dans l'immobilité.

Et dire que cette femme avait été jolie, et qu'elle avait fait courir tout Paris, alors qu'elle ouvrit — voici tantôt soixante ans — une boutique de friandises dans le passage Vero-Dodat ?

On l'appelait alors la *Belle Provençale*, et pour employer l'expression d'un de ses admirateurs « elle n'était pas la primeur la moins séduisante de la maison. »

Rossini, qui la traitait en amie intime, et le docteur Véron — dont elle fut la fournisseuse patentée, — lui faisaient la cour. Celui-là, pour la flatter, lui offrait des prises dans la tabatière enrichie de diamants qu'il tenait du roi Victor-Emmanuel. Celui-ci lui apportait des billets d'opéra. Elle acceptait le tabac du maestro, mais elle refusait les coupons du Bourgeois de Paris. Sa répugnance pour le théâtre provenait (on l'a su plus tard) de son amour pour son chapeau — cet immuable chapeau dans lequel, depuis cinquante ans, elle fourrait la tête en se levant, et dans lequel elle s'endormait aussi, ne prenant d'autres précautions que d'en détacher les brides. Dans l'agitation du sommeil, le chapeau quittait l'occiput de sa propriétaire, qui le retrouvait au réveil, bossué, aplati, défiguré. Ce n'est qu'à force de coups de poing et d'épingles que Mme Bontoux parvenait à lui rendre son apparence primitive. L'idée d'en commander un neuf lui venait-rarement, car elle était d'une avarice sans pareille. On sait aujourd'hui où allaient ses gains ; sa succession s'élève à plusieurs millions !

*
* *

Une autre manie de Mme Bontoux — j'allais dire : de la mère Bontoux — c'était de porter des sabots. Elle insinuait préalablement ses pieds dans des chaussons de Strasbourg, que son fabricant de pâtés lui expédiait tous les ans, avec un lot de marchandises. Comme il empaquetait ces pantoufles dans une des boîtes rondes réservées aux foies gras, il advint une mal-donne des plus comiques.

C'était à un souper fin. Le moment psychologique était arrivé. L'amphitryon se lève, saisit avec solennité le coffre de sapin envoyé le matin même, et le flairant — sans enlever le couvercle :

— Mes amis, dit-il, je vous garantis ce pâté-là... Il embaume !

Vous voyez la surprise de ce fin connaisseur lorsque, décoiffant la boîte, il aperçut une paire de chaussons !

∴

La brusquerie de Mme Bontoux était légendaire. Quand un inconnu pénétrait dans son magasin, elle disait invariablement, en vraie marseillaise qui n'a pas perdu le goût du terroir :

— Quesaco ?

Et si, d'aventure, l'allure du nouveau client ne lui plaisait pas, elle refusait de lui vendre ses produits.

— Il ne m'en reste plus, disait-elle.

C'était sa formule.

Certain chef de bureau du ministère des finances, qui voulait goûter de ses fameuses timbales milanaises, se présenta vingt fois, mais en vain, pour en faire accepter la commande. Le voyant revenir à la charge une vingt et unième fois :

— Vous perdez votre temps, lui dit-elle, votre visage ne me va pas.

Le malheureux fonctionnaire dut employer l'intervention d'un ami puissant qui lui donna une lettre de recommandation, — absolument comme s'il se fût agi d'un bureau de tabac ou d'une sous-préfecture. D'autres infortunés eurent le même sort et, quand chacun d'eux s'en allait confus et dépité, le commis Eugène fredonnait :

— Encore un qui ne l'aura pas la timbale ! la timbale !

Il faut, pour être juste, ajouter que cette timbale — mixture savante, macédoine inimitable, alliage mystérieux, dont les seuls éléments perceptibles sont des rognons de volailles, des crêtes de coq et un coulis d'écrevisses intimement mêlés à des nouilles italiennes — il faut dis-je, convenir que cette timbale est un mets divin.

L'académicien vaudevilliste Labiche en raffolait particulièrement. Chaque fois qu'il en mangeait, il murmurait en faisant des yeux blancs :

— On a décoré des gens qui n'en ont pas fait autant !

∴

La renommée de Mme Bontoux n'a pas pour origine ce mets spécial. Elle remonte au temps où elle occupait un petit rez-de-chaussée, à côté de la salle Montesquieu. Eugène Sue, dans son roman des *Sept péchés capitaux*, lui a consacré un paragraphe élogieux, et, dès cette époque, les célébrités de tous genres se fournissaient chez elle. Rachel s'y rendait souvent après ses répétitions au Théâtre-Français... Un soir que la grande tragédienne assistait à la confection d'une bourriche destinée à l'empereur de Russie, elle s'empara d'une brochette de cailles superbes que le garçon de boutique allait y coucher.

— Je la veux, fit-elle avec l'accent autoritaire qui lui était familier.

— Non pas... ma pitchioun ! exclama Mme Bontoux.

— Voyons, laissez-vous fléchir, je vous les paierai dix francs pièce.

— Pas pour dix écus.

Ces quatre mots furent scandés sur un ton si sec et si catégorique que la comédienne sentit qu'elle ne devait pas insister.

Mais tout à coup une idée lui passe par le cerveau. Elle se lève et se met à déclamer les imprécations de Camille... Le garçon lâcha sa bourriche pour l'écouter ; quant à Mme Bontoux, elle secoua d'abord la tête, en ayant l'air de dire « c'est comme si tu chantais » puis elle s'arrêta, prêta l'oreille et, quand Rachel hurla le dernier vers :

Moi seule en être cause et mourir de plaisir !

— Donne-lui les douze cailles ! cria-t-elle à l'employé en se dressant derrière son bureau, et ajoutes-y un faisan !

Ce jour là, on vit une chose inouïe, invraisemblable, — une chose qu'on ne revit jamais... La mère Bontoux, dans l'excès de son enthousiasme, avait eu un mouvement si brusque que son chapeau s'était déplacé... Elle l'avait sur l'oreille!

* * *

A l'époque dont je parle, Mme Bontoux avait organisé, au-dessous de son magasin, des salons où elle servait à dîner à quelques-unes de ses pratiques de prédilection. C'est là que le prince Demidoff offrit, en plein mois de janvier, à deux de ses amis, un repas qui lui coûta trois mille francs. On y mangea des nids d'hirondelles, des lamproies du lac Fusaro, un chien chinois et des foies de rossignol. Au dessert, figura un figuier, arrivé de Smyrne le matin même... L'arbre portait quatre figues qui furent taxées sur la carte 10 louis chacune. L'histoire rapporte qu'elles étaient détestables. Mais le prince qui était alors dans la phase la plus prodigue et la plus fastueuse de son existence n'y regardait pas de si près!

* * *

Je me suis complu à relever sur les registres de Mme Bontoux le nom de ses clients les plus célèbres par leur situation ou leur talent. J'ai même fait mieux. J'ai compulsé les papiers qu'elle recueillait dans un carton spécial lorsqu'ils étaient signés d'un nom répandu. C'est dans ces liasses poudreuses et jaunies que j'ai trouvé une lettre de Lambert Thiboust dont l'enveloppe porte ces mots : *A Madame Bontoux, bijoutière en comestibles.* Et puis aussi des commandes de d'Ennery, Sarcey, Timothée Trimm, Blondel, Lachaud, maréchal Niel, maréchal Forey, général Duplessis, général Ladmirault, Legouvé, Sardou, Dumas père et fils, Thiers, Adolphe Adam, Croizette, Bressant, Labiche, Offenbach, général de Vassoigne, — celui qui s'asseyait familièrement à côté de la vieille marchande et rendait la monnaie aux acheteurs.

J'allais oublier un spirituel compliment où M. du Sommerard invite Mme Bontoux à venir visiter le musée de Cluny : « Je vous ferai présenter les armes par les soldats du poste », dit en finissant l'aimable collectionneur. — Signalerai-je un billet d'expédition de trois cents écrevisses au czar, — un *satisfecit* d'un archevêque et enfin la copie d'une lettre écrite par un chocolatier non moins riche que connu. Il paraît que le maitre d'hôtel de cet industriel avait fait figurer, sur un de ses menus, une timbale-Bontoux, alors qu'aucune livraison n'avait été faite à l'hôtel du fabricant millionnaire.

« Monsieur, lui écrivit l'irascible octogénaire, » vous inscrivez sur vos tablettes que vous » n'aimez pas la contrefaçon, apprenez que je ne » l'aime pas non plus. »

* * *

Ah ! c'est qu'il ne fallait pas badiner avec cette bizarre créature. Son sans-gêne et son indépendance, compliqués d'une vue faible, lui faisaient même commettre des impairs...

Un jour, un jeune homme entre chez elle et, sans mot dire, considère longuement les « succulences » de l'étalage, puis il passe aux conserves, aux flacons et aux charcuteries de l'intérieur.

— Aura-t-il bientôt fini ce bonhomme-là ! fit à haute voix Mme Bontoux. Surveillez ses mouvements, reprit-elle en se tournant vers son commis. Sa figure ne me paraît pas catholique... c'est quelque filou !

A ces mots, le jeune homme se retourne, et d'une voix calme :

— Continuez vos injures, madame, dit-il, moi je continue mon examen. Quand je m'en irai, vous me fouillerez, voilà tout !....

C'était le duc d'Hamilton qui s'était chargé de faire des emplettes pour le prince de Galles !

LE

GÉNÉRAL MIEROSLAWSKI

LE GÉNÉRAL MIEROSLAWSKI

Le général Mieroslawski — figure disparue depuis quatre ou cinq ans — était l'homme le plus brave et le plus loyal que la terre ait porté.

Permettez-moi de vous le présenter.

Je l'ai eu pour professeur d'histoire, il y a vingt-deux ans, à l'institution Barbet. Je le vois encore avec son immuable habit bleu barbeau, à boutons d'or, propre comme un sou et boutonné jusqu'au menton.

Nul n'a eu une vie plus accidentée : il a été dictateur, banni, puis généralissime, puis condamné à mort ! Que sais-je encore ? Au surplus, la biographie de Mieroslawski tient en deux lignes. C'était un modeste et honnête républicain dans la carrière duquel on ne saurait trouver une défaillance ou un acte douteux, et qui, après avoir manié des millions, gagné des batailles et tenu plusieurs fois dans ses mains le sort de deux empires, enseignait l'histoire à des enfants pour ne pas mourir de faim.

Ses élèves ne se doutaient pas des grandeurs et des vicissitudes de son passé. Jamais il n'en parlait. Tels étaient l'ascendant et les séductions de sa parole, que les plus légers l'écoutaient avec recueillement. Le visage du professeur captivait tout d'abord. Lorsqu'il racontait des batailles, sa figure de Christ, encadrée d'une barbe rousse, s'animait singulièrement. Ses yeux bleus devenaient noirs, et ses traits, ordinairement reposés et réguliers, prenaient l'expression farouche qu'on voit, sur les tableaux, aux visages des héros combattant. Il secouait sa chevelure blonde d'un mouvement brusque et provoquant, ou frappait le parquet du pied en manière de défi. Tandis que sa parole, brève et cuivrée, retraçait la mêlée avec la sonorité du clairon, il prenait des attitudes de soldat à l'assaut... J'ai oublié ce qu'il m'enseignait : mais je vivrais cent ans que je n'oublierais pas sa tête superbe et son geste magnifique !

Je me suis expliqué, depuis, les notes solennelles, émues ou grondantes de sa voix. Microslawski « revivait » ses propres guerres dans les guerres de son cours. L'asservi et le vaincu se révoltaient, quand il parlait des peuples conquis et opprimés. Le banni pleurait sur les épreuves des patriotes, et lorsque, la prunelle allumée, il signalait la faute d'un chef, ou la défection d'un corps d'armée, c'était le tacticien de Waghausel ou le trahi de Radstat qui l'emportait sur le professeur.

Mieroslawski n'est pas le seul professeur qui, en chaire, ait pris autant à cœur les épopées militaires englobées dans son programme.

L'Ecole de Saint-Cyr eut, longtemps, pour régent de la classe d'histoire l'honorable M. Théophile Lavallée qui, tous les ans, lorsqu'il relatait les expéditions de la première République et du premier Empire, poussait des cris de joie et donnait les signes d'un enthousiasme bruyant.

Arrivé à la bataille de Waterloo, il baissait la voix, ses paupières se mouillaient de larmes; il entrait peu à peu, contre la fortune contraire à nos armes, dans une colère aveugle. Et lorsqu'il en était à la débandade finale, il cassait sa chaise.

L'huissier, qui connaissait le désespoir annuel de l'excellent historien, lui mettait, ce jour-là, dans les mains, une chaise hors de service — une chaise rappelant les assiettes qu'on casse dans les vaudevilles et dont le garçon d'accessoires recolle les morceaux après la représentation.

Mais revenons au général Mieroslawski.

* * *

Je ne l'ai revu qu'une fois depuis ma sortie de la pension Barbet. J'étais alors étudiant, et je prenais mes repas chez un boucher de la rue de l'Ecole-de-Médecine en compagnie de cinq collègues — comme moi élèves des hôpitaux. Notre troupe était connue dans le quartier, sous le nom de la *bande carnivore*. En effet, nous ne mangions que de la viande. C'était une expérience physiologique que nous faisions sur nous-mêmes. Nous achetions des miches de pain, en face, chez un boulanger et nous pénétrions dans l'arrière-boutique du boucher, où flambait un feu clair, derrière une rôtissoire. La femme du débitant décrochait de l'étal un quartier de bœuf qui « ne flânait pas longtemps », je vous le jure. J'ignorais alors les dégoûts qui me font aujourd'hui faire la grimace devant les côtelettes et les roastbeef.. L'estomac était neuf alors, et le râtelier moins paresseux ! Pour varier nos plaisirs, nous passions du bœuf au mouton et du mouton au bœuf. Le veau n'avait nos sympathies que comme transition. Ai-je dit que nous ne buvions que de l'eau ?

Le général Mieroslawski apparut un jour dans notre cercle : il me reconnut.

— Je suis anémique, me dit-il, on m'a recommandé la viande crue.

Et puis il ajouta en souriant :

— Je vais avoir besoin de forces.

Pendant huit jours il avala des entrecôtes, détachés, sous ses yeux, de l'animal pendu à la devanture.

Quelque temps après (c'était en 1863), je compris le sourire et le besoin de « forces » de mon ancien maître. Sa noble fièvre d'affranchissement l'avait repris. Il était entré en Pologne par la frontière galicienne. Son expédition avorta — non point qu'il eût cédé au découragement, mais il craignit de donner au mouvement national de son pays un caractère révolutionnaire. Il revint en France, où il se remit à ses études et à ses leçons.

*
* *

En 1870, à la première nouvelle de nos désastres, il offrit ses services au général Trochu et mit gratuitement à sa disposition les trois inventions auxquelles il avait consacré les heures de sa vie que ses travaux militaires et son professorat lui laissaient libres : c'étaient *le camp roulant, les sacs boucliers et la marmite de campement*

Mais il eût fallu dépenser trop d'argent pour introduire ces innovations dans notre matériel de guerre. Mieroslawski dut se contenter d'un commandement à Lyon. Il le garda jusqu'à la fin de 1871 et donna, pendant son séjour dans le Rhône, les preuves d'une sagesse extrême et d'une énergie sans relâche.

On m'a conté un mot profond qu'il appliqua — à cette époque — à l'explosion de la Commune :

— C'est, dit-il, par la révolte qu'on empêche l'œuvre de la Révolution.

*
* *

Tout à coup, il se sentit malade. Les médecins n'osaient lui dire la vérité. Ils ne lui parlèrent clairement que pour lui enjoindre de ne pas quitter son petit appartement du boulevard Montparnasse.

Son sang se décomposait lentement ; son cœur ne battait plus — ou battait trop vite.

— Qu'importe, répondait le soldat, si le cerveau va toujours !

Et il lisait ou travaillait — opposant des sourires dédaigneux aux appréhensions de ses familiers.

Ses amis apprirent tard la gravité de son état. Son vieux camarade, le docteur Jacobi, qui est établi à Menton, le supplia de venir se réchauffer au soleil provençal. Mieroslawski hésita : il n'avait pas de malle ! Je crois qu'il n'en eût jamais. Quoi qu'il en soit, il fit ses préparatifs et se disposa à partir avec sa femme de ménage — une brave créature à son service depuis seize ans. Un soir il s'endormit, dans son fauteuil, souffrant beaucoup, mais néanmoins joyeux à l'idée qu'il allait monter en wagon. Quand le lendemain, à l'aurore, sa gouvernante s'approcha de lui :

— J'ai trouvé, fit-il, un bon moyen de prendre des forces. Il y a plus d'un mois que je ne me suis mis dans mon lit où j'étouffe... Je vais m'y étendre, cela me reposera tout à fait.

Il ne se trompait point! A trois heures de l'après-midi, il s'endormait de l'éternel sommeil.

Il avait soixante-quatre ans.

DOCTEUR PÉAN

DOCTEUR PÉAN

L'Académie de médecine a tardivement ouvert ses portes à un chirurgien qui — quoique jeune encore — devait en faire partie depuis longtemps.. Les humaines petitesses se retrouvent dans tous les esprits et le fiel n'entre pas dans la seule âme des dévots... Les savants aussi subissent des dépits dont la mesquinerie est contradictoire avec l'élévation de leurs facultés et la supériorité de leurs aptitudes. L'envie des grosses recettes et la jalousie des lauriers provoquent, paraît-il, des rancœurs dans toutes les confréries. Et il en sera ainsi tant que subsistera notre aimable planète!... Si le docteur Péan s'était contenté d'être un chirurgien quelconque suivant les sentiers battus, il y a beaux jours qu'il siégerait rue des Saints-Pères, et il n'eût point attendu la rétive justice rendue à son mérite. Mais il a été novateur, créateur, inventeur. Il a osé, et osé heureusement. Il n'en fallut pas davantage pour lui susciter des aversions dont il ne s'est point alarmé, Dieu merci, car, poursuivant son œuvre, il allait toujours, ajoutant des succès à ses succès, perfectionnant l'outillage chirurgical et donnant chaque jour à son nom un surcroît d'éclat et de célébrité. — Si bien qu'on peut dire de son fauteuil qu'il l'occupait avant de s'y asseoir.

A l'un des derniers Salons, dans un tableau très regardé, Gervex nous a montré Péan, avec l'ordinaire vigueur de son pinceau. La tête est vaste, l'œil ouvert : le nez un peu fort des penseurs; les favoris obligatoires, grisonnant à peine, encadrent le facies énergique au teint mat. C'est un colosse aux larges épaules — légèrement voûtées comme celles des gens pris par les rudes besognes. — Et de cet ensemble massif se dégagent une autorité et une majesté qui captivent. En regardant bien, il y a de l'ampleur et non de la corpulence dans l'harmonie de cette structure puissante. Moi qui sais la vie de Péan, je me demande comment il a pu demeurer aussi fort de complexion, résister à tant de labeurs et peut porter à cette heure ses cinquante-cinq ans — aussi haut et aussi ferme.

Levé à cinq heures, il ne se couche guère avant minuit. Les opérations, l'hôpital, les consultations et la rédaction de ses observations scientifiques lui laissent à peine le temps de manger. S'il est appelé en province, il court au chevet de son malade, l'opère et apaise sa faim, au retour, en chemin de fer. Une fois même, sur la ligne du Nord, n'ayant pas de couteau, il fut obligé de partager en wagon, avec ses aides de camp, un gigot froid qu'il découpa au moyen d'un bistouri tiré de sa trousse. Bref, la plupart du temps, il déjeune à l'heure où les autres dînent, et encore est-il souvent forcé de dévorer à la hâte, dans sa voiture, l'en-cas qu'y glisse toujours, par précaution, sa courageuse et intelligente compagne — une femme d'élite sachant se plier, sans défaillances et sans murmures, aux nécessités professionnelles.

Mme Péan me rappelle l'épouse du médecin surmené, à laquelle on demandait des nouvelles de son mari :

— La dernière fois que je l'ai vu, répondit-elle, je l'ai trouvé bien changé.

Quoique pris par d'aussi absorbants travaux, Péan trouve moyen de se faire et de conserver des amis. Fidèle à ses affections et à ses sympathies, secourable et prêt à rendre service, il est tout naturel qu'il bénéficie de la réciproque et inspire des dévouements qui vont jusqu'au fanatisme.

Il est de Châteaudun. Son père, meunier de son état, vint se faire opérer d'un kyste par Velpeau, alors que son fils commençait ses études médicales.

— Croirais-tu, lui dit-il à son retour, qu'il m'a fallu payer quinze napoléons ? J'espère que, le jour où tu seras chirurgien, tu seras plus raisonnable !

Or, nul n'ignore que Péan reçoit jusqu'à 50,000 francs pour certaines cures.

Malgré l'esprit d'économie que trahit cette réflexion, son brave père ne lésina point sur l'éducation de son gars, et j'imagine qu'il s'en féliciterait aujourd'hui si la mort ne l'avait empêché d'assister à ses triomphes. Ce furent ses sœurs qui continuèrent à l'étudiant une tendresse et des soins nécessaires... Car, le croirait-on ? le robuste praticien d'aujourd'hui était d'une santé délicate. Il dut, au début de sa carrière, séjourner un an à Alger. C'est là qu'il se guérit des vomissements de sang qui l'affaiblissaient et l'obligeaient, à tout instant, d'interrompre ses travaux. Revenu à Paris, où il fut nommé prosecteur, la fatalité le condamna encore à l'inaction pendant deux mois. Une piqûre anatomique dont les conséquences seront visibles éternellement — puisqu'elles ont rétracté et déformé le petit doigt de sa main gauche — mit ses jours en péril. On sait que le scalpel enfoncé dans la chair des cadavres se charge d'un virus malfaisant. Je dirai même, à ce sujet, que les microbiens devraient transporter leurs verres grossissants dans les amphithéâtres de dissection et déterminer la façon de résister aux ravages du bacille cadavérique... Ils inoculeraient ensuite la mort comme la variole et le charbon, et le problème de l'immortalité serait résolu.

On a contesté bien des mérites à l'académicien d'hier — mais il en est un qui défie toute critique et toute controverse. J'entends la *méticulosité* de ses procédés opératoires. Qu'il s'agisse du malade millionnaire qui payera largement sa vie préservée, ou de l'indigent qu'il traite gratuitement, Péan dépense la même érudition, la même conscience et la même circonspection... Il a l'œil à tout, s'enquiert préalablement de l'irréprochable propreté des instruments et du parfait fonctionnement des appareils — au nombre desquels un lit merveilleux dont il est l'inventeur. Si l'un de ses aides a omis de se laver les mains et n'a pas exagérément veillé aux précautions antiseptiques, il se départ de son calme accoutumé et de sa douceur légendaire, pour entrer dans des fureurs qui se traduisent en apostrophes véhémentes.

Demandez plutôt aux six membres habituels de son équipe — six docteurs qui l'assistent toujours : MM. Colin, son plus ancien compagnon ; Arnould, l'intelligence en habit noir ; Barault, l'attention faite homme ; Larrivée, qui pressent les moindres intentions du maître ; Aubau, le plus utile des collaborateurs, uniquement chargé de l'administration du chloroforme, et enfin Brochin, un garçon plein d'avenir, digne élève de l'éminent chirurgien ; Brochin, auquel il pourrait, s'il venait à ressentir un instant de lassitude, passer ses pinces et son bistouri. De tels aides de camp rendent la victoire certaine, et une large part de félicitations leur revient de droit, si l'on songe qu'à l'heure présente Péan, le véritable vulgarisateur de l'ovariotomie, en est à sa millième opération heureuse, avec leur concours. Nélaton ne l'avait tentée que sept fois, dont quatre seulement réussirent.

***

Lorsque le docteur Péan l'entreprit, il y a

vingt-cinq ans — sur une femme des Batignolles qui se porte comme vous et moi — les procédés antiseptiques étaient inconnus, et pourtant il n'eut point de malheur à déplorer. Chacun de ses succès émerveillait le monde scientifique, et les clameurs opposantes qui avaient accueilli les premières hardiesses de ce fouilleur d'entrailles s'éteignirent peu à peu pour faire place à des éloges retentissants. La presse ne lui marchanda point ses félicitations, et le débutant vit la clientèle affluer. Conséquence logique, la fortune lui vint sans le rendre plus fier. Sa notoriété grandissante n'ébranla point sa modestie et ne ralentit pas son ardeur. Il vit accourir à ses leçons les plus célèbres chirurgiens étrangers. Des télégrammes le réclamaient aux quatre coins de l'Europe. Ses consultations devenaient copieuses au point qu'il était obligé d'en remettre les trois quarts au lendemain, et cependant il gardait son attitude digne et contenue — marchant calme, imperturbable, sans souci des flatteries et des dénigrements — croyant à son savoir et confiant dans son génie.

Encore aujourd'hui, ses samedis matins de Saint-Louis — durant lesquels il fait une moyenne de dix opérations — sont tellement courus que l'amphithéâtre est trop étroit pour la masse des médecins et des étudiants qui l'assiègent. L'illustre chirurgien anglais Spencerwell quitte exprès Londres pour puiser là des enseignements que Péan lui communique dans son propre idiome, car il parle très purement l'anglais. Notre grand professeur a sur ses confrères un précieux avantage; il a jadis étudié la peinture, et de ses essais d'autrefois il a gardé une facilité singulière à reproduire, à la craie, sur le tableau noir, les tumeurs encore cachées que son bistouri se propose d'extraire. Ce travail dessiné précède toujours le travail « tranchant ». C'est le cas du général au flair infaillible qui montre sur la carte à son état-major les points où il rencontrera et battra l'ennemi.

Il opère aussi en deux autres endroits — rue de la Santé et aux Ternes — des malades qui ont le préjugé de l'hôpital ou désirent bénéficier des immunités hygiéniques de l'atmosphère suburbaine. Là, aussi, trouvent leur salut des pauvres que non seulement Péan soigne pour rien, mais dont il paye de sa poche les frais post-opératoires et les mois de convalescence, ce qui n'a pas empêché ses détracteurs de parler de son âpreté au gain ! Ces bonnes langues visaient sans doute les honoraires importants par lesquels de riches malades répondent aux bienfaits de son talent! Il fallait peut-être, selon eux, que Péan octroyât gratuitement la vie à des millionnaires pour mourir de faim dans une mansarde. Voilà qui est bouffon ! Je pense au contraire que des femmes — comme la princesse C***, se promenant au Bois de Boulogne huit jours après l'opération, et dix autres que j'ai vu valser ou voyager, moins d'un mois après avoir eu leurs flancs purgés de tumeurs mortelles — je pense, dis-je, que ces femmes-là ne s'acquittent qu'imparfaitement avec des banknotes de la gratitude qu'elles doivent à leur sauveur. Et elles le sentent si bien, que toutes, après leur guérison, entretiennent avec lui des relations amicales. Les familles de ses patientes lui prouvent de mille façons délicates qu'elles estiment également à leur valeur morale les secours de son art.

Les pères, les frères et les maris de ses opérées ont presque tous une place à ses battues des Boulayes — propriété où il va parfois le dimanche respirer un peu d'oxygène et guerroyer contre le gibier pullulant dans les plaines et les bois qui entourent son château... Actuellement, la femme qui professe pour Péan le culte le plus chaleureux se nomme Hortense Schneider. L'irremplaçable diva, traitée et guérie radicalement en l'espace de six semaines, regrette de n'avoir plus sa voix d'autrefois pour chanter les louanges de l'ovariotomiste sur l'air de « Dites-lui » de la *Grande Duchesse*. Elle a pu récemment apprécier sa dextérité — cette dextérité qui faisait dire à Ricord assistant à l'enlèvement d'un kyste :

— Mon cher Péan, on n'est pas plus habile et plus soigneux... Quand on en arrive à ce fini et à cette perfection, ce n'est plus de la chirurgie, c'est de la bijouterie !...

*
* *

Péan a été demandé en Amérique, d'où il eût pu revenir avec des galions d'or monnayé. Il n'a pas voulu s'absenter longtemps de cette France, qu'il a si vaillamment servie pendant la guerre, et de ce Paris où il a révélé l'innocuité d'une opération réputée effrayante et fatale — de ce Paris où il a fait école au point que maintenant ses élèves pratiquent journellement l'ovariotomie avec succès. Ils n'ont peut-être pas la sûreté de main et le sang-froid du maître en présence des complications inattendues, mais, dans les circonstances ordinaires — j'allais dire normales — ils ne perdent pas un sujet. L'ouverture du ventre est devenue chose vulgaire; c'est l'A B C du métier. Les gens se laissent explorer leurs plus profonds viscères pour un oui ou pour un non... Cela n'est pas encore une partie de plaisir, mais ça viendra !

En attendant, que de Parisiennes et de provinciales circulent alertes et pimpantes, après avoir traîné dans leur sein des fibrômes d'un développement formidable. (Il y en a qui atteignent le poids de 35 livres !) D'autres, qui croyaient, en perdant un ovaire avarié, devoir renoncer aux joies de la maternité, sont surprises et ravies de concevoir et d'enfanter après l'ablation ! On en cite qui eurent des bébés, bien qu'on leur eût pratiqué l'enlèvement des deux organes. Voici la raison du phénomène : Un simple fragment d'ovaire sain, laissé dans la cavité abdominale, possède le don de s'accroître et de reconstituer un ovaire entier, suffisant aux causes déterminantes de la parturition.

On croirait à tort que l'ovariotomie est la spécialité du nouvel académicien. Sa compétence et son adresse se révèlent dans tous les désordres qu'embrasse la pathologie externe. Il a obtenu des résultats improbables et arraché à la mort des proies qu'elle croyait sûrement tenir. Un jour, c'est un ouvrier menuisier qui se présente à sa consultation : il a sur l'épaule une tumeur graisseuse de 15 kilogrammes ; il s'en sert même comme d'un coussin pour porter les planches qu'il rabote ou les poutres qu'il équarrit ; mais à la fin, il étouffe et il faut renoncer à cette annexe devenue gênante. En dix minutes il est débarrassé de son fardeau et rabote de plus belle trois jours plus tard !

Un apprenti, rue de Flandre, tombe d'un toit et s'empale sur une tige de fer qui lui pénètre dans le corps, perforant la vessie et les intestins. Péan tente la guérison à l'aide de manœuvres successives si subtilement conduites qu'il tire le supplicié de son mauvais pas.

Et le cancer du larynx ! ce mal terrible sur lequel le prince héritier d'Allemagne a universellement appelé l'attention de l'univers, — il en a enlevé trois, et les trois opérés ont été guéris ; deux vivent encore, le troisième a sucombé à un accident. Aussi, l'enlèvement du larynx ne lui semble pas une opération redoutable.

La nomenclature des miracles de son bistouri et de *sa* pince hémostatique — avec laquelle il a supprimé l'affaiblissement engendré par les pertes de sang, — m'entraîneraient trop loin.

Je veux finir en démontrant, par un exemple, l'utilité des opérations qui prolongent les existences condamnées. Un père de famille était atteint d'un cancer de la face et avait conscience de la gravité de son état :

— J'ai besoin de vivre un an pour réaliser ma fortune, mettre ordre à mes affaires et laisser mes enfants à l'abri de la gène. Votre savoir est-il à même de me donner ces douze mois de répit ?

— J'essayerai, répartit Péan.

Il l'opéra huit fois, attaquant le monstre rongeur chaque fois qu'il reparaissait, dissimulant ses dévastations sur ce visage labouré par des rajustages de peau d'une ingéniosité rare, si bien que le malheureux s'éteignit l'âme sereine. Il dit avant de mourir à Péan qui l'avait fait « durer » treize mois, combattant pied à pied un adversaire implacable :

— Je ne vous avais demandé qu'un an : vous m'avez fait bonne mesure. Merci et soyez béni !

M. SPITZER

M. SPITZER

J'ai assisté, l'hiver dernier, dans un hôtel situé au coin de l'avenue Victor-Hugo et de la rue de Villejust, à une soirée qui pouvait défier toutes les fêtes, une soirée comme il s'en donne à Paris seulement, parce que Paris est la ville des enchantements inédits et des mises en scène incomparables!.. Une autre capitale offrira peut-être aux yeux des spectacles plus pompeux mais non pas aussi pittoresques. Quoi qu'il en soit, en aucun lieu du monde, un amphytrion ne saurait atteindre le caractère absolument exceptionnel des réunions artistiques organisées par le collectionneur d'élite qui a nom Frédéric Spitzer.

La confrérie des collectionneurs raffinés, des

amateurs les plus difficiles, les plus exclusifs, les plus passionnés salue, en lui, un maître. Les plus éminents artistes, qui tous, aujourd'hui, sont devenus fanatiques des bibelots précieux, n'entendent prononcer son nom qu'avec un soupir d'envie. Ici l'envie est encore un hommage. Elle signifie que ni le talent, ni la puissance, ni la fortune ne peuvent procurer ce que Frédéric Spitzer doit à sa persévérance extraordinaire, à son savoir et à son goût impeccable : un ensemble incomparable d'objets qui représente, suivant l'expression de M. Bonnafé, tout ce que l'art et l'industrie ont pétri, limé, tissé, sculpté, forgé, ciselé, soufflé et fondu de plus exquis depuis l'aurore du Moyen Age jusqu'au déclin de la Renaissance !

Et c'est dans ses superbes galeries bondées de trésors uniques que Frédéric Spitzer invite ses amis à entendre de la musique exécutée par des virtuoses célèbres... J'ai goûté ce régal indicible de l'émerveillement des yeux marié au charme de l'oreille. J'ai entendu l'harmonieux accent des voix alors que mes yeux erraient sur des merveilles placées contre les murs, rangées sous les vitrines ou posées en haut des bahuts, profilant leurs formes pures et magistrales sur le fond grave des velours sombres et reflétant, à la pointe de leurs angles ou sur la convexité de leurs courbes, l'éclat des mille bougies qui incendiaient ces chefs-d'œuvre !

Je considérais Spitzer, assis sur un fauteuil finement fouillé par l'outil d'un maître... Souriant et recueilli il savourait le plaisir de ses hôtes. Et les débuts dans la vie de l'aimable vieillard me revenaient à l'esprit... Je revoyais le petit Viennois sollicité, dans sa patrie première, par la voix du sang, un sang de collectionneur. Ses ascendants, comme en font foi des brefs impériaux, occupaient dès le commencement du XVIIe siècle des charges à la Cour, et l'un deux, ayant ses petites entrées auprès du souverain, vécut honoré de distinctions dont le prince n'était pas prodigue. Et voilà l'héritier de cette famille prédestinée qui, dès l'école, réunissait tous les types de monnaies de billon, les classait et les étiquetait, obéissant déjà à la vocation qui devait décider de sa vie. En même temps, l'artiste s'éveillait en lui. On rencontrait, le dimanche, dans les galeries de Vienne, un jeune homme pensif, immobile pendant des heures en un coin de salle, retenu par l'invincible attrait des chefs-d'œuvre. Ces chefs-d'œuvre étaient quelque émail vénitien, quelque armure du Moyen Age ou quelqu'une de ces toiles marquées du génie tourmenté d'Albert Dürer. Les tableaux du grand peintre allemand l'extasiaient. Il les contemplait.

sans relâche, admirant le brillant de la couleur, la sobriété de la composition, la vigueur du dessin, l'intensité de l'idée. Il s'en nourrissait si bien, il s'en assimilait si complétement la manière mystérieuse, qu'un jour, errant par la ville, il reconnaissait le maître dans une toile sans signature, insoupçonnée de son possesseur, qui la lui livrait pour quelques florins.

Cette trouvaille fut le commencement de sa fortune. Quelque temps après, il débarquait à Paris.

On n'attend pas de moi que je suive pas à pas dans ses découvertes, dans ses transactions, ce chercheur infatigable que n'effraient ni les distances, ni les résistances, ni les difficultés de toutes espèces qui sont comme les invisibles protecteurs des belles choses et les garantissent des contacts profanes... Ces obstacles, que surmontent les plus persistants et les plus adroits plutôt que les plus riches, me font l'effet des dragons farouches gardiens des vierges de la légende arabe... Ces monstres aux gueules menaçantes avaient mission d'évincer les soupirants... Et pourtant, le plus habile d'entre ces derniers, le plus éloquent, le plus fin, le plus intelligent, finissait par atteindre son but. Avait-il fléchi les dragons? avait-il trompé leur surveillance? Je l'ignore. Toujours est-il que le troupeau était diminué d'une brebis.

C'est ainsi que Spitzer rentrait de ses expéditions avec des merveilles dans les plis de son manteau ; c'est ainsi qu'il enrichissait sa collection. Ceux qui ne connaissent que ses galeries appellent Spitzer le roi de la Curiosité ; ceux qui connaissent l'homme — ses familiers et ses intimes, qui savent quelle énorme quantité de travail ont coûté l'organisation et la création d'un pareil musée — l'appellent le forçat de la Curiosité.

Il semble en effet qu'il ait été condamné à vivre uniquement pour l'art, et qu'une force supérieure le mène, sans trève ni repos, à la conquête des merveilles. Ce qui a toujours distingué cet homme au flair étonnant, c'est que chez lui l'artiste l'a constamment emporté sur le négociant. Quand il sillonnait le continent pour devenir possesseur d'un objet quelconque, il cherchait à s'instruire et s'instruisait si bien que, petit à petit, il devenait un connaisseur écouté et consulté.

Ainsi, il possède dans ses vitrines un bijou italien dont l'histoire est une odyssée. Ce bijou unique est acheté par lui, perdu, retrouvé par miracle, puis volé, emporté en Amérique, rapporté par une femme qui le donne à sa sœur, — laquelle le porte au cou, un soir, dans un théâtre où Spitzer se trouvait par hasard. Aborder une dame et lui dire : « Vous avez à votre corsage un joyau qu'on m'a volé », n'est pas commode. L'antiquaire suivit cette personne, et, nanti de son adresse, lui écrivit; mais la réponse fut : « Vos doléances ne me touchent pas : le bijou est à moi, je le garde ». Cinq ans après, à l'Hôtel des ventes, Spitzer entend mettre aux enchères une vieille broche italienne avec pendentifs « merveille de la Renaissance ». Spitzer l'achète philosophiquement, s'estimant très heureux d'aligner des tas d'or pour rentrer en possession de son bien. . . . .

Autre aventure (ses recherches — on pourrait presque écrire ses chasses — en fourmillent). M. Spitzer apprend qu'un précieux manuscrit orné de miniatures, qu'il avait entrevu chez un antiquaire et qu'il convoitait depuis longtemps, a été acheté par le marquis de T... le matin même du jour où il devait, lui, en prendre livraison. Le marchand, peu scrupuleux, n'avait pas su, malgré sa parole engagée, résister à une surenchère de quelques centaines de francs, et le gentilhomme avait emporté sa conquête séance tenante. M. Spitzer était désolé, car le manuscrit du XVe siècle, d'un des grands maitres de l'époque, en dehors de ses perfections artistiques eût complété la série de « ses types ». Il ne pouvait prendre son parti de son malheur. Sans perdre du temps à maudire le peu consciencieux antiquaire, il se rend chez le marquis. Chemin faisant, il aperçoit des miniatures à la vitrine d'une marchande à la toilette ; il s'arrête, et promène sa loupe sur les cadres exposés : c'était une collection d'horreurs, d'affreuses copies, de barbouillages indignes d'un regard qui se respecte. Cependant, dans le nombre, une tête de femme coupée au col à la façon d'une médaille attira son attention. L'œil était fermé, et la chevelure, poudrée selon la mode du temps de Louis XVI, trahissait un désordre singulier. L'objet était mauvais sous le rapport du dessin et de la couleur, et pourtant il avait un aspect étrange et troublant. Spitzer l'acheta quatre francs... et continua sa route.

Il trouva le marquis de T... intraitable. C'est par dizaine de mille francs que M. Spitzer essayait de fléchir son entêtement : il se heurtait à une décision irrévocable de garder le manuscrit. Il allait se retirer vaincu et navré lorsque la miniature dont il avait fait l'emplète tombe à terre.

– Qu'est-ce cela ? dit le marquis.

— Une chose insignifiante.

— Montrez donc.

La main du gentilhomme s'était emparée du portrait, et il venait à peine d'y jeter un coup d'œil qu'une vive émotion s'empara de lui.

— Tenez-vous beaucoup à ceci? demanda-t-il d'une voix tremblante.

— Beaucoup, répliqua Spitzer à tout hasard.

— Laissez-moi cette miniature et vous emporterez le manuscrit.

Spitzer, stupéfié, ne disait mot.

— Je vous donne dix mille francs en plus, poursuivit le marquis, prenant le silence de l'antiquaire pour une résistance de négociant.

— Votre offre première me suffit.

Et, comme il se retirait avec son trésor bien-aimé, sans rien comprendre et sans chercher d'ailleurs à comprendre :

— Ah! Monsieur, s'écria le vieux gentilhomme, ce médaillon me rappelle des événements bien cruels : c'est le portrait de ma grand'mère qui fut guillotinée en 93 et dont le bourreau montra la tête au peuple. Un peintre ami de notre famille assistait à l'exécution et fit cette miniature de mémoire, telle que la tête de la pauvre martyre lui apparut tenue aux cheveux par la main de Samson.

C'est à la suite d'innombrables expéditions de ce genre que Spitzer est parvenu à constituer son musée d'aujourd'hui, véritable encyclopédie artistique de la Renaissance et du Moyen Age. Pour décrire et pour passer en revue, salle par salle, série par série, les matériaux de ce vaste recueil, pour en dégager la méthode, la logique et les enseignements, il faudrait des volumes et des années. M. Spitzer prépare en ce moment la publication d'un catalogue qui sera à lui seul un des monuments les plus considérables de l'art et de la curiosité. Le regard sollicité par l'amoncellement des richesses, l'amateur admis dans l'hôtel de la rue de Villejust ne peut avoir tout d'abord, malgré l'ordre parfait qui préside à l'organisation intérieure des galeries, qu'une vision d'ensemble, éblouissante et confuse. Mais peu à peu il saisit, grâce à un ingénieux classement, le vaste plan de ce musée.... Les séries apparaissent, aux yeux du visiteur, de plus en plus claires et harmonieuses dans leurs savantes combinaisons. Maître de lui-même et de son jugement, le dilettante peut bientôt commencer avec fruit son voyage de découvertes : il a compris la géographie de la collection et n'a plus qu'à subir le charme et l'admiration.

Que de fois j'ai joui de l'étonnement des visiteurs, profanes ou connaisseurs qui, devant cette accumulation du trésors, se demandaient comment une existence humaine a pu suffire à une pareille tâche !

Il y a cinquante-trois ans que M. Spitzer exerce son génie intuitif, c'est dire assez que nul n'a été et n'est plus compétent que lui sur le terrain archéologique. La fortune, venue grâce au plus infatigable, au plus persévérant des labeurs, lui a créé d'honorables loisirs, et, s'il reste toujours sur la brèche, ce n'est plus désormais que par amour de l'art pour l'art. Nul n'écrirait mieux l'histoire de la « curiosité ». Les quarante classes de son musée (il a adopté cette division au profit de l'étude des arts décoratifs) sont comme le canevas sur lequel il n'aurait qu'à étaler la broderie d'intéressantes conférences. Il est de la race privilégiée des du Sommerard et des Sauvageot, ces historiens en action des victoires artistiques de l'humanité. Ne montrent-ils pas dans leurs vitrines, sous formes d'émail, d'ivoire, de fer, de bois et de faïence, de marbre et de bronze admirablement ouvragés, les diverses étapes des générations? La galerie Spitzer est non-seulement la plus complète, mais la plus instructive des collections. Elle embrasse les plus belles époques des créations civilisatrices de l'art. C'est l'histoire de la caravane humaine en marche vers le beau à travers les ateliers de tous les pays. De cet ensemble se dégage un sens philosophique profond, sous les espèces d'objets muets en apparence, mais qui répondent éloquemment à qui sait les interroger.

Frédéric Spitzer a fait ce que nul après lui ne

saurá faire : il a parcouru les vieilles échoppes, les châteaux, les églises, les encans, les couvents, arrachant çà et là des épaves des siècles disparus comme on arrache des inscriptions à un antique colysée pour reconstituer son passé... Oui, il a fait œuvre d'historien celui qui a recueilli l'armure, la selle et le harnois du chevalier guerroyant pour son roy et la gloire de sa patrie ; — qui, après avoir exhumé de la poussière l'étendard que le paladin déployait dans ses combats, a retrouvé aussi l'épée dont il transperçait ses ennemis, l'étoffe qui fut la robe de sa noble femme, le bijou qui brillait à son col, et la couche où, côte à côte, dormaient tant de gloire et tant de grâce.

Gambetta l'avait bien compris, lui qui voulait décider l'heureux possesseur de tant de chefs-d'œuvre à s'en séparer en faveur de la nation !

LA PATTI CHEZ ELLE

LA PATTI CHEZ ELLE

Voici comment il m'est arrivé de passer une des plus délicieuses journées de ma vie.

J'étais au premier rang des fauteuils d'orchestre du théâtre de Covent-Garden, où la Patti chantait pour la dernière fois de la saison. Le troisième acte de la *Traviata* venait de finir, et la diva, appelée, rappelée et acclamée, m'avait fait, au milieu de ses saluts et de ses sourires au public, un signe imperceptible qui signifiait : « J'ai à vous parler. »

Trois minutes après, j'étais dans sa loge.

— Vous savez que je possède un château dans le pays de Galles, dit-elle, après m'avoir désigné un siège...

— Je l'ignorais absolument...

— Et que j'y pends la crémaillère mardi.

— Ah!

— Et que vous êtes invité...

— Mais...

— Il n'y a pas de mais... Nous partons lundi matin, à dix heures, par *Paddington station*. Vous n'avez à vous occuper de rien. J'ai un wagon-salon où nous déjeunerons en route, nous serons au château pour dîner. C'est entendu... hein?

J'allais enfin pouvoir réclamer quelques détails et glisser quelques observations au travers de cette aimable volubilité, quand la femme de chambre entra et murmura un mot à l'oreille de sa maitresse qui se tournant vers moi :

— Je vous renvoie. Je ferais peut-être attendre pour vous toute autre personne, mais celle-là...

Je regagnai ma stalle où je fus témoin, à la fin du dernier acte, d'une de ces folles ovations que la Patti seule sait provoquer. Le délire admiratif était tel, qu'après avoir jeté leurs bouquets, les dames détachaient les fleurs de leur corsage et de leur coiffure, pour les jeter sur le théâtre. Un gentleman, qui occupait avec sa femme une avant-scène du rez-de-chaussée, était transporté à ce point, qu'il lança ses bagues, sa montre, ses gants... j'ai cru un instant que sa femme elle-même allait y passer.

Un détail à ce propos.

En Angleterre, on offre des fruits aussi bien que des fleurs aux artistes : la Patti m'a conté qu'elle a reçu, le jour de son bénéfice, une corbeille grande comme un refuge des boulevards, remplie, d'un côté, de roses, de camélias et de gardénias, et de l'autre, de raisins, de pêches et de melons. L'envoi était accompagné de ces mots : « Je mets à vos pieds la récolte de mes serres et de mon verger, avec le regret de n'y pas mettre les serres, le verger et... le propriétaire avec. »

Pas trop mal pour un Anglais, n'est-ce pas?

Je fus plus qu'exact au rendez-vous, et j'eus bon nez d'arriver à la gare en avance, car atteindre notre wagon n'était pas chose commode. Le quai était obstrué par les amis de la diva et les curieux qui l'avaient reconnue, en sorte que j'avais beau crier : « De sa suite j'en suis ! » j'étais refoulé avec force injures. Mon chapeau reçut même dans la bagarre une blessure dont il ne guérira jamais. Enfin, grâce à un agent de la Compagnie du South-Western, qui me démontra, sur le vif, l'utilité de la boxe dans les cohues, je pus gravir le marchepied et pénétrer dans le luxueux salon où la Patti était déjà installée avec nos dix compagnons de voyage. Par la porte entrebâillée d'un compartiment voisin, et communiquant avec le nôtre, j'aperçus un domestique nombreux en train de disposer les bagages, d'installer la cuisine de campagne et de tirer la vaisselle plate d'un panier d'excursion. De cette direction soufflait, de temps à autre, un vent de comestibles qui affriandait mes narines. En jetant un coup d'œil sur les sacs éventrés, j'aperçus les causes de cette bise adorable. C'étaient des homards monstrueux, des pâtés gigantesques, sans compter les chaufroix de cailles et les grands crûs authentiques dépêchés à la dernière heure par M. de Rothschild.

Le convoi marche avec une vitesse vertigineuse.

Nous passons comme une balle devant l'hospice des aliénés, et l'un de nos compagnons — un Anglais plein d'humour, — nous montre les fous cultivant le sol.

— Voyez-vous celui-là qui sarcle des pommes de terre? fait-il. Eh bien! ces pommes de terre sont folles aussi; quand plus tard on les disposera, en rond, autour d'un beefsteak, elles sauteront à droite et à gauche comme des insensées. Et le beefsteak, lui-même, perdra l'esprit. Si le consommateur ne se dépêche pas de l'avaler, il lui jouera quelque tour en lui envoyant sa propre sauce au visage...

Et la Patti de rire de son rire enfantin et perlé.

— Je m'amuse, me dit-elle. Mais au fond, je suis très fatiguée par des rhumatismes.

— Ce n'est donc pas le théâtre?

— Non, certes. Je mène une vie très régulière, qui me permet de remplir mes engagements sans éprouver la moindre lassitude. Généralement, je me lève à dix heures, je mange de la soupe — beaucoup de soupe (la soupe est mon aliment favori). Et puis je vais faire une promenade. A trois heures, je dîne copieusement : une soupe encore, un gros morceau de roastbeef assaisonné d'anchois et des pommes cuites — très bonnes pour la voix, les pommes cuites ! — J'oublie une tasse de jus de viande que je bois en me mettant à table; à quatre heures, je me recouche et je sommeille jusqu'à six heures — moment où je procède à ma grande toilette. Alors je cours au théâtre. Après la représentation, j'avale un bouillon et je me fourre au lit.

— Mais les répétitions?

— Je ne répète jamais. Je sais tous mes rôles sur le bout du doigt et je ne me souviens pas d'avoir causé un accroc... C'est même un peu moi qui soutiens les chefs d'orchestre à l'aide de certains regards et de certains signes...

— Mais les œuvres nouvelles? les rôles que vous créez?

— Je les étudie au piano, chez moi, ou bien

en me promenant dans la campagne. Quand je les sais, je parais au théâtre — seulement l'après-midi qui précède la première représentation. Là je joue et je chante avec la troupe qui a travaillé de son côté. Les choses marchent toujours bien...

Et durant qu'elle parlait, j'admirais la grâce mutine de la diva, toujours gaie, toujours souriante, toujours jolie de sa beauté mutine, s'interrompant pour dire dans des langues différentes, une parole affable à celui-ci, une espièglerie à celui-là. La Patti parle couramment le français, l'anglais, l'italien, l'espagnol, l'allemand et le russe. Son intelligence des idiomes est telle qu'un séjour de trois mois dans un pays lui permet de s'assimiler non-seulement le dialecte courant, mais aussi ses subtilités et ses néologismes. Elle m'a confié qu'elle pensait en français... N'est-ce pas une flatterie à l'adresse de votre invité, chère diva?

Dès que le train fut en marche, la cantatrice s'assit à mes côtés :

— Je suis une étourdie, me dit-elle, je ne vous ai pas nommé, l'autre soir, le personnage pour lequel je vous ai chassé de ma loge... C'est le Prince de Galles qui occupait, avec la princesse et ses fils, son avant-scène ordinaire.

Son Altesse me fit rire aux larmes en me contant l'embarras dans lequel la mirent ses enfants durant la représentation... Ils voulaient connaître absolument le sujet de la *Traviata* et le prince ne savait comment se tirer de ce pas difficile. L'aîné s'était écrié au moment où « mon amant » me jette sa bourse pleine d'or. « Voilà qui n'est pas poli! pourquoi cette façon d'offrir de l'argent. » Ce à quoi Son Altesse de répondre: « L'égarement du jeu engendre ces vilaines manières. »

Le cadet fut non moins pressant durant la scène de mon agonie! « Où cette dame a-t-elle attrapé sa maladie? Quelle est sa profession? Elle va mourir et pourtant elle a bonne mine! » Et autres réflexions auxquelles le Prince opposait des phrases évasives.

La Patti reprit :

— J'estime que, depuis le commencement de ma carrière, j'ai fait quarante millions de recette(*). J'en ai pour ma part gagné près de quinze dont il ne me reste pas grand'chose, sinon quelques petits revenus et le domaine que vous allez voir. Savez-vous que je suis fière. Je n'ai jamais eu de maison à moi, puisque je suis forcée de vivre au jour le jour dans les hôtels des capitales où

* A l'époque dont je parle, la Patti n'avait point encore entrepris ses tournées en Amérique.

des engagements m'appellent. Mes propriétés jusqu'à présent ont consisté en cartons à chapeaux et en malles... Chantant comme les oiseaux, je suis condamnée à la vie des oiseaux qui vont de buissons en buissons avec leur porte-monnaie dans leur gorge... Est-ce que mon image n'est pas juste ? N'est-ce pas dans mon gosier qu'est le plus clair de mon avoir? Je puis débarquer n'importe où, je chante et me voilà riche, momentanément, car c'est à peine si j'ai pu — comme le sous-lieutenant de la *Dame blanche* — m'acheter un château avec mes économies. Cela est si vrai que l'envie d'annexer des communs et un jardin à mon immeuble m'a fait donner un concert de plus en Italie Un de mes amis, le cavalier B..., qui était au courant de mes projets, me disait, à la fin dechaque morceau : « Voilà la toiture gagnée », ou bien : « Les orangers sont à vous maintenant », ou encore : « Je pense que vos dernières vocalises représentent les camélias des pelouses. »

Je crois le moment venu de placer la légende qui courut jadis sur Faure — alors qu'il avait de la voix — cette voix dont il ne reste rien aujourd'hui ! On avait calculé que chaque son sorti de la bouche de ce baryton fameux était payé — étant donné le chiffre de ses appointements —

30 fr. 50. Or Faure, entrant un jour chez Barbedienne, choisissait un bronze de trois cents francs et, allant au caissier, lui envoyait en plein visage une roulade chromatique de dix notes.

Et le caissier, pour être quitte, lui rendait consciencieusement 1 franc en pièces de dix sous!

*
* *

Onze heures! à table!

Ne me demandez pas si le déjeuner fut gai?... Les festins absorbés en wagon tandis qu'on fend l'espace, et composés de plats exquis, arrosés de vins d'élite, sont toujours savoureux et amusants. On éprouve une égoïste jouissance à dévorer toutes ces succulences au nez des vallons et des arbres devant lesquels on file — en sifflant — comme des flèches, et qui semblent tendre vers vous leurs branches suppliantes « pour en avoir aussi. » Il y a bien, par ci par là, quelques petits accrocs. Le roulis du train fait qu'on verse, dans son oreille ou dans son col de chemise, le Xérès destiné à sa bouche, et qu'on vide, sur les genoux de son voisin, une assiette de foie gras qui ne lui revenait pas. Mais ces épisodes greffent des gaietés nouvelles sur la bonne humeur générale, et l'on pouffe à avaler de travers!

Lorsque nous eûmes, par les glaces baissées,

envoyé sur la voie la carcasse des crustacés, la croûte des timbales et les noyaux des cerises et des pêches, nous dégustâmes un café excellent... Les causeries recommencèrent. On parla musique naturellement; et tout d'abord, je consigne le jugement de l'Anglais sus-désigné, qui déclara la *Fille de Madame Angot*, le *Barbier de Séville*, de l'opérette.

La Patti, à laquelle je demandai le nom de son compositeur favori, me répondit :

— L'opéra que je préfère chanter entre tous, c'est *Rigoletto*. Le musicien que je chéris particulièrement, c'est Rossini, et...

Ici, elle s'interrompit brusquement.

— Qu'alliez-vous dire?

— Rien.

J'insistai.

— Eh bien! vous ne l'écrirez pas? ajouta-t-elle, car les Français m'en voudraient peut-être... je professe pour Wagner une admiration sincère.

Et, aussitôt, elle me fredonna un air du *Lohengrin* qui me donna *la frisotine*. Le lecteur me permettra ce vocable personnel par lequel je désigne certain frisson léger qui court le long de notre épine dorsale et pique la racine de chacun de nos cheveux quand nous entendons une mélodie, une phrase ou un vers frappés au coin du génie.

Cependant un maestro italien, qui était des nôtres, contait dans le coin opposé de fines réparties de Rossini qu'il a intimement connu. Je recueille celles que je crois inédites.

— Wagner, disait l'auteur de *Moïse*, c'est un Verdi qui a mis de la choucroûte dans son macaroni.

Quand Meyerbeer mourut, son cousin, Jules Beer, fit une marche funèbre qu'il alla jouer à Passy, devant le Cygne de Pesaro.

— Eh bien, qu'en dites-vous? demanda-t-il à Rossini qui restait songeur et silencieux.

— Mon cher, je pense qu'il vaudrait mieux que vous fussiez mort et que Meyerbeer eût composé quelque chose pour votre enterrement.

On se rappelle le prince P..., qui fut un compositeur de talent.

Le prince sonna un matin à la porte de l'auteur de *Guillaume Tell*, et lui tint ce langage :

— J'ai deux opéras en portefeuille. Le directeur de X... m'écrit qu'il en veut monter un. Je ne sais lequel lui donner. Je vais vous les soumettre et vous fixerez mon choix.

Là-dessus, le prince se met au piano.

A peine a-t-il plaqué l'accord final de sa première partition, que Rossini lui crie :

— Je préfère l'autre !

Meyerbeer ne supportait pas sans humeur les malignités de son illustre confrère. Il fut, certain soir, caustique à son tour.

On donnait, à Passy, chez Rossini, à la fin d'un grand dîner, un de ces concerts où l'on n'exécutait que des œuvres de l'amphitryon.

Rossini, qui avait trop mangé, souffrait de l'estomac et faisait la grimace, tandis que des artistes hors ligne interprétaient ses mélodies.

Meyerbeer courut vers lui :

— Vous n'êtes pas malade, cher maître, lui dit-il, d'un air rassurant. Vous vous écoutez trop, voilà tout.

Devant tous ces grands noms évoqués, la Patti était devenue songeuse.

— Les génies de cette trempe sont rares, me dit-elle, et les créations nouvelles sont médiocres. Cependant, vous avez en France un homme qui me paraît devoir succéder à Gounod, pour le charme, le lyrisme et la science musicale. C'est un garçon que j'aime beaucoup. Il était encore chez moi, à Fulham avant-hier, et il est rentré le soir même à Paris. Il se nomme Lenepveu. Le connaissez-vous?

Lenepveu est non-seulement mon ami, mais c'est un camarade d'enfance. Nous étions étudiants ensemble; je me rappelle qu'il piochait la fugue et le contrepoint au lieu de fréquenter les cours de droit. Ses parents ne voulaient point entendre parler de sa vocation et lui imposaient le barreau — sous peine de lui couper les vivres. Aussi, dès qu'il fut avocat, il quitta la toge pour le clavecin, concourut pour le prix de Rome et l'obtint... dans des conditions hors ligne.

— Le même Lenepveu a fait une *Velleda* qui est un chef-d'œuvre, s'écria la Patti. Je veux la créer. Quand, où et comment? Je l'ignore. Mais je sens que la *Velleda* sera à la fois un triomphe pour moi et une victoire pour son auteur.

Puissent ces paroles encourageantes entretenir l'ardeur et la foi du jeune maître, en dépit de mille déboires !

Puissent-elles surtout faire réfléchir les directeurs!... La Patti créant *Velleda*, à l'Opéra, avec des interprètes qu'elle désignerait au besoin! Quelle belle soirée!

*
* *

— Il est six heures!... Comme cette journée s'est vite écoulée!

Nous voici non pas au terme du voyage, mais à Swansea où nous attendent les voitures venues à notre rencontre. Outre deux breacks et un landau, j'aperçois une victoria légère attelée de quatre poneys — quatre merveilles. La Patti est fière de ses carrossiers minuscules et fait admirer à chacun la perfection de leur forme, la petitesse de leur tête, l'exiguïté de leur taille. Elle les caresse, elle les embrasse.

— Vous allez les conduire, me dit-elle. Moi je suis trop fatiguée, je grimpe dans le landau.

Et me voilà précédant le cortège. Les petits chevaux, joyeux et endiablés, me donnent dans la main. J'ai peine à me frayer un passage au travers des populations qui sont accourues sur les chemins et poussent des hurrahs formidables. Ajoutez à cela que la route est sinueuse, entrecoupée de torrents sur lesquels sont jetés des ponts étroits. Mon amour-propre d'automédon n'a jamais été mis à pareille épreuve. L'attention que je prête à mes fougueux coursiers ne me permet d'admirer que d'un œil le paysage qui est superbe. Nous ne nous doutons pas, à Paris, que la brumeuse Angleterre possède des vallées aussi riantes, des escarpements aussi alpestres et une aussi luxuriante végétation.

J'avais beaucoup ouï parler des splendeurs agrestes et pittoresques du pays de Galles : ce que j'en ai vu dépasse ce qu'on m'en avait dit. Les prés jetés comme des tapis sur les flancs des coteaux ont des tons tendres et fins qui rappellent les pâturages de l'Oberland Bernois.

Les gaves au fond desquels mugissent des torrents désordonnés complètent l'illusion. C'est la Suisse! ce sont les Pyrénées! c'est la Savoie! Quelles impressions vont donc chercher, hors du sol natal, ces légions de touristes britanniques qui ont chez eux tous les sites renommés et tous les vertiges désirables?

Après deux heures d'une course rapide, nous apercevons le château qui se nomme Craig-y-nos Castle (pays de Galles, comté de Becon, vallée de Swansea). Une remarque : nous sommes en plein pays welsh, et Craigy, dans le dialecte local, signifie rossignol. La Patti propriétaire du *Château du rossignol!*... Le hasard n'en fait pas d'autres!

Avant d'atteindre le porche, nous passons sous des arcs de triomphe et sous des oriflammes dont les pointes nous décoiffent. Deux drapeaux — le pavillon anglais et le pavillon français — flottent subitement en haut de la tour la plus élevée. Le canon part et son tonnerre répercuté par les échos, annonce à dix lieues à la ronde que la suzeraine pénètre dans son palais.

Le château est planté à mi-côte d'une montagne dont le sommet pelé se perd dans les nuages. Au bas, chante sur son lit de cailloux ronds et polis une rivière présentement d'humeur accommodante. Mais il ne faut pas s'y fier : il y a huit jours, c'était un fleuve impétueux qui déracinait les arbres, escaladait les rives, détruisait les berges et ravinait les prairies avoisinantes. La truite qui se plaît dans cette onde glacée et courante est tellement abondante en ce point que la cuisine a là, sous la main, un vivier perpétuel. Le massif principal du castel remonte au temps de la reine Élisabeth. Depuis, l'édifice a été flanqué d'annexes si habilement construites qu'on ne les peut distinguer des bâtiment primitifs. C'est le surmoulé appliqué à l'architecture.

— Mon cher ami, me dit la Patti, je passais par ici, il y a deux ans, en partie de plaisir... Le site me parut si beau que je résolus de m'y fixer le jour où je renoncerais au théâtre. Je pris mes informations. Après des pourparlers qui durèrent un mois à peine, je reçus mes titres de propriété moyennant une somme que mes dépenses ultérieures ont singulièrement arrondie. J'ai dépensé ici près d'un million, mais je ne regrette rien que l'éloignement de la gare. Ce qui me console, c'est qu'on parle de soumettre prochainement au vote du Parlement un embranchement dont le tracé effleurera les limites de mon domaine. J'ai quelques amis dans cette Assemblée, je leur adresserai une supplique. J'irai la leur chanter au besoin et — croyez-moi — le Parlement votera non-seulement l'embranchement, mais une gare à cinq minutes du castel... Demain, au grand jour, je vous montrerai tout en détail. Pour le moment, il se fait faim, la nuit tombe, soupons et... au dodo.

Nous étions exténués. On ne roule pas impunément toute une journée. Et puis, l'air, qui est très vif sur ces sommets élevés de 700 mètres au-dessus du niveau de la mer, nous avait alourdis. A dix heures, chacun était dans sa chambre. La mienne, confortable à souhait, contenait un lit d'une largeur telle que deux armées s'y fussent mesurées à l'aise. Je pus dormir en long, en large et en travers, — permission refusée généralement aux voyageurs. Ceux qui parcourent la Suisse et n'ont pour reposer leur tête que les dalles étroites, couvertes d'un mouchoir de poche, appelées « lits » dans la patrie de Guillaume Tell, comprendront la joie avec laquelle je m'étirai sur mes matelas de 2 kilomètres carrés.

Dès l'aube, je fus debout. La crémaillère devait commencer de bonne heure par une pêche à la truite. En faisant ma toilette, je m'aperçus que la partie superflue et ornementale du mobilier était exclusivement composée des tributs d'admiration recueillis par la diva dans ses nombreuses tournées. Ici, un cadre en verre filé à Venise et qui porte écrites, à son centre, des invocations laudatives pareilles à celles que les anciens Latins formulaient pour leurs dieux. Là, des boîtes de malachite avec médaillons, surchargés de pierreries. Sur la cheminée, un coussin supporte deux branches de lauriers d'or soudées à leur base. Chaque feuille est décorée d'un nom d'opéra. Je saisis respectueusement ce joyau : il pèse deux livres. Machinalement, je place sur ma tête la couronne triomphale et je me regarde dans la glace. Je suis atroce. Mon nez important et mes moustaches hérissées n'ont rien de romain. Et puis, je m'aperçois que je suis en chemise. Quelque complaisance que j'y mette, impossible de me prendre pour un César. Je me ris à mon propre nez ; je m'habille et je descends.

* * *

Toute la compagnie est au salon. La Patti — qui chante toujours et partout dans les escaliers, dans les champs, en mangeant, et en dormant peut-être — essaie son piano.

— Le premier piano que j'ai de ma vie, me dit-elle... Il est exquis.

Elle le referme, le frotte, l'essuie avec soin, et lui donne un tour de clef. Et cette femme qui a gagné 15 millions — qui en a inconsciemment dépensé la plus grande partie — me montre, en devenant tout à coup sérieuse et chagrine, une petite éraflure de la caisse de palissandre.

— Cela peut-il se réparer? me demanda-t-elle. C'est que, voyez-vous, mon piano est si bon! Est-il beau, mon piano!

Et tandis qu'elle prononce ce *mon*, sa bouche inaccoutumée au possessif, s'enfle comme celle du propriétaire parvenu du dessin de Gavarni, quand il s'écrie : Mon mur!

Piano compris, il est très joli ce salon avec ses meubles d'érable clair et ses murs tendus de soie, ses fauteuils couverts d'étoffes orientales et ses bahuts surchargés de bibelots précieux. La pièce est haute et le plafond est divisé en douze caissons qui attendent des toiles où la diva sera représentée dans ses meilleurs rôles... Par une large baie ou *window* qui s'ouvre sur la vallée, on embrasse un horizon immense dont la sauvagerie contraste avec les raffinements de l'intérieur. Parlerai-je des mille riens, tributs de l'admiration universelle qui brillent sur les étagères. La Russie domine dans le nombre. Vienne la suit de près.

A côté, sur la droite, la salle à manger où je

remarque un portrait de la Patti, signé Winterhalter. Les buffets regorgent d'argenterie. Toutes ces pièces ciselées et fouillées par les plus fameux orfèvres du monde, sont des cadeaux. L'assiette dans laquelle je mange : cadeau! Le verre dans lequel je bois : cadeau! J'ai pris mon thé dans une coupe au fond de laquelle brille la signature d'un souverain (il n'en était pas plus sucré pour cela). En poursuivant mon inventaire, à droite, je descends dans une serre d'agrément où les plantes et les arbustes les plus rares entrecroissent leur feuillage étrange, où les lianes exotiques tapissent les murs et jettent, au travers des treillages du plafond, leurs tiges éplorées, où les orangers tendent aux promeneurs leurs sphères d'or, où enfin chantent et volent en liberté les bengalis, moins experts dans leur art que la maîtresse de céans.

Non loin de là, les serres de rapport, qui fournissent sans relâche des légumes et des fruits de toutes sortes, depuis le concombre jusqu'à la banane odorante, en passant par le raisin, la figue, la fraise.

En repassant par ces édens accolés et en appuyant sur la gauche, je pénètre dans la salle des jeux — hall spacieux, décoré de tableaux excellents et de cartels des meilleures époques. Sur les guéridons, des livres, des stéréoscopes, des albums où tout ce qui est illustre a tracé l'expression de son affectueuse admiration. Un boudoir bleu, et un bureau en vieux chêne, complètent ce rez-de-chaussée remarquable au point qu'un journal anglais illustré a publié le portrait des meubles qui le décorent. Au travers des fenêtres à vitraux gothiques, j'aperçois les cuisines dans lesquelles s'agitent les chefs en casaque blanche — les écuries où piaffent quinze chevaux, les remises où reposent, les brancards en l'air, tous les types connus de la carrosserie moderne.

On monte au premier par un escalier à rampe de bois finement sculpté. Les murs de ce « tambour » disparaissent sous des toiles de maîtres. Je demande d'où vient l'armure mignonne qui occupe le centre d'un trophée et j'apprends que c'est l'armure portée par la Diva dans la *Jeanne d'Arc* de Verdi.

Au premier étage, où se trouvent les appartements de la Patti, même luxe d'aménagement, même affluence de présents dont les parois portent, gravées, des dédicaces louangeuses.

Je ferai grâce à mes lecteurs de la cloche à gaz, des faisanderies, du potager, de la basse-cour, des chambres d'amis et des communs dont la description allongerait indéfiniment cette causerie — et je passe à l'emploi de la journée.

*
* *

Après la pêche, qui fut miraculeuse, on déjeuna comme on déjeune sur les cimes, c'est-à-dire en affamés dont l'estomac trahit des creux imprévus.

Au dessert, incident comique!

Un paysan survient qui a fait dix lieues, non pas pour voir la Patti, mais pour lui demander une audition. Il prétend qu'il a de la voix. On se prête à son désir, et l'on constate que s'il a de la voix, il l'a laissée dans sa cabane. Il est moins distrait à l'égard des shellings qu'on jette dans son feutre.

Nous procédons ensuite au lancement des ballons gonflés à l'air chaud. Ces aérostats comiques représentent des animaux apocalyptiques ou des grosses commères ou des Turcs, qui s'élèvent lourdement dans l'éther et finissent par se crever la panse dans les branches des chênes. Leurs évolutions aériennes provoquent des fous rires qui nous mènent au dîner, dîner d'apparat où tous les convives, en toilette de gala, boivent à la santé de la châtelaine. Elle-même — habillée de rose par Worth — élève sa coupe et salue l'assistance en exprimant le vœu de nous revoir tous à sa table, dans un an. Divers toasts succèdent à cette réplique aimable. Je songe à formuler moi-même une de ces phrases de dessert qui servent de prétexte à quelques libations supplémentaires, quand une détonation retentit... C'est le feu d'artifice! Nous courons sur la terrasse. La nuit est noire.

Un artificier de Londres a dressé, comme par enchantement, une forêt de mâts sur lesquels il a plaqué l'ossature des pièces principales. Les airs sillonnés de fusées s'illuminent, les marrons et les bombes éclatent pour se résoudre en pluie d'or et d'argent. Aux pétarades répondent les hurrahs de la foule accourue de Swansea, situé à 20 kilomètres! Les grenades, les artichauts et autres « végétables » pyriques se succèdent. Vient alors le motif principal. Le portrait de la Patti, avec le nom flamboyant de toutes ses créations et, enfin, le bouquet, gerbe éblouissante, dont Ruggieri serait jaloux! L'enthousiasme est indescriptible et les feux de joie qui tremblotent sur les pentes des collines, au fond des ravins et sur les crêtes des pics, attestent que la fête a des témoins sur tous les points du territoire.

Et comme si elle avait attendu l'extinction de la dernière fusée, la lune apparaît — saupoudrant de sa poussière d'argent les lointains à peine estompés, les plaines redevenues silencieuses, les rochers au front chauve et les cascades au murmure incessant... Je songe aux nuits des romans de Walter Scott.

C'est alors que la Patti fait un signe. Le maestro Kingston — rédacteur du *Daily Telegraph* et pianiste de premier ordre — court au piano du salon. La Diva, demeurée sur la terrasse, entonne, aux sons d'un accompagnement discret qu'assourdit encore la distance, le chant populaire anglais : *Home! Sweet home!* Quelle voix! quel cadre! Nos gorges se serrent et nous pleurons... Jamais poète n'a conçu tableau plus troublant. Jamais fumeur d'opium n'a rêvé un tel rêve... C'est surhumain... Dieu a dû regarder et prêter l'oreille!

. . . .

Voilà plusieurs années que j'ai assisté à cette scène et, en essayant de la dépeindre, mon émotion est telle que la plume tombe de mes doigts et que mes yeux se mouillent!

M. THIERS A DIEPPE

M. THIERS A DIEPPE

Souvenirs d'antan ! — et pourtant bien vivant encore..... M. Thiers du haut du ciel ou du fond de l'enfer — (car Dieu seul sait où vont les hommes politiques quand ils quittent ce monde qu'ils excellent à troubler sous prétexte de le conduire) M. Thiers, dis-je, doit considérer notre état politique avec un sourire malicieux, car il donne singulièrement raison à sa fameuse parole. Le pays voulait la République, les conservateurs en se refusant à la prendre et à la diriger ont, à jamais peut-être, perdu le pouvoir !

. . . .

La curiosité publique — et non l'enthousiasme, comme on l'a écrit — s'est émue de la présence de l'ex-président à l'hôtel Bristol. La lettre sur papier bleu-vert, en date du 7 juillet, dans laquelle il annonçait son voyage à MM. Desmarest et Delamare, a couru toute la ville et a provoqué des quiproquos bien naturels dans un port de mer.

— Il arrive ! il arrive !

— Ah ! quel bonheur !... Il a sans doute un précieux chargement.

— Très précieux.

— De la morue ? du bois des îles ? de l'ivoire ?

— Non ! Un discours.

— Comment ? un trois-mâts fait mille lieues et reste quatre mois dehors pour rapporter un discours ? Vous êtes fou...

— C'est vous qui n'avez pas votre raison : je vous parle de M. Thiers !

— Je pensais au bateau *la Jeune Hortense*.

Mais passons aux racontars :

M. Racine, un jardinier de la route d'Arques, aurait dit en apprenant la nouvelle :

— Si l'auteur de l'*Histoire du Consulat* vient à Dieppe, j'entends lui offrir un bouquet aussi gros que lui.

Et il lui a tenu parole, car il a tendu, à la gare, non pas un bouquet de violettes de deux sous, ainsi que l'ont prétendu de mauvaises langues, mais un odorant faisceau de roses, aussi volumineux et aussi haut que la botte de feu M. de Bassompierre.

L'ex-président aurait désiré établir son quartier-général dans l'auberge à la mode — celle que les aristocrates ont adoptée — mais on lui a rappelé qu'il s'y était donné récemment un banquet réactionnaire, et c'est pourquoi le toit de l'hôtel Bristol a l'honneur d'abriter l'étonnant octogénaire. Au surplus, il eût été difficile de lui trouver dans l'autre posada — envahie par les baigneurs au point que certains couchent sur les canapés du salon de lecture — un appartement pareil à celui qu'il occupe dans l'établissement voisin. Il a tout le premier étage — sauf deux chambres. Des fenêtres doubles protègent l'intérieur des pièces contre les rafales, et Mme Thiers a placé les fleurs offertes à son époux dans l'espace compris entre les deux vitrages...

Le passant, qui n'est pas initié aux origines de ce parterre, s'imagine que quelque cocotte habite cet entresol et mène derrière ses murs blanchis à la chaux, une existence déréglée. Il ne s'agit guère d'amour en ces lieux !...

Le chef des gauches se lève à quatre heures du matin, passe une redingote marron ouatée et s'installe dans son cabinet de travail. Louis — son gigantesque valet de chambre — allume dans la cheminée un feu doux qui ne s'éteint que le soir ; puis il se retire, laissant son maître assis sur une simple chaise, devant une petite table qui lui sert de bureau... Et la plume de l'infatigable écrivain noircit du papier pendant quatre heures ! Les pages remplies sont successivement déposées sur un canapé qui en est littéralement couvert et quand l'encre est séchée elles sont soigneusement numérotées, rassemblées et serrées dans un portefeuille.

A sept heures, première promenade et premier chapeau. Car M. Thiers a deux chapeaux. Un panama orne le matin son chef qui est coiffé le soir par un feutre de haute forme à poils gris ressemblant quelque peu à un bolivar. C'est généralement après avoir avalé un bouillon ou du thé que l'ex-président quitte son appartement. Il longe la plage jusqu'à la jetée, avançant avec lenteur, contemplant de temps en temps l'horizon, parlant peu, traînant légèrement les jambes et balançant ses hanches rebondies. Louis tient au-dessus de sa tête un parasol ou un parapluie, suivant les caresses ou les rigueurs du temps, et si la bise souffle trop âpre, il lui jette sur les épaules, avec la sollicitude d'une nourrice, un pardessus à longues basques.

A dix heures, retour au logis et reprise du travail interrompu — jusqu'à midi, moment où le barbier Marius se présente. Marius, qui a été recommandé à M. Thiers par Bonnin, son coiffeur de Paris, a reçu préalablement des instructions de son collègue : aussi promène-t-il son rasoir d'une façon spéciale sur l'auguste visage dévolu à sa lame. Il sait qu'il faut tenir le fer d'une certaine manière, manœuvrer sur la joue droite de bas en haut, prendre la joue gauche à contrepoil, effleurer la lèvre supérieure et insister sur le menton.

J'ai assisté à la scène suivante :

Un reporter, affamé de détails, a attendu Marius sur le seuil de l'hôtel Bristol pour le faire causer. Le chevalier du blaireau a opposé à ses questions un mutisme absolu, et quand le plumitif dépité fut parti :

— Il en est pour ses frais, dit-il aux trois ou quatre curieux groupés sur le trottoir. On sait être coiffeur et discret. Et puis, ce journaliste sera bien avancé quand il saura que M. Thiers a tous ses cheveux, qu'il n'en perd pas un. C'est comme je vous le dis, messieurs. Il en a aussi dru qu'un conscrit, et quelle barbe vivace pour un homme de 82 ans ! Elle pousse d'un quart de centimètre en vingt-quatre heures.

— En sorte, continua un farceur, qu'il marcherait dessus s'il la laissait croître pendant un mois !

Cette allusion à la taille exiguë de son client fit beaucoup rire Marius dont la langue se délia et me fournit, sans s'en douter, tous les renseignements qu'il venait de refuser. C'est ainsi que je sus que, sa barbe faite, M. Thiers parcourt les journaux — passe dans la salle à manger, où il déjeune de mets choisis sur le menu de la table d'hôte et qu'il arrose d'un vin à lui — qu'il reçoit ensuite, dans son salon, une dizaine de visiteurs, — examine les cartes déposées au bureau par ses admirateurs et monte en voiture pour explorer les environs. Il se couche invariablement à neuf heures.

Quand il fait très chaud, M. Thiers endosse un complet de coutil blanc ; un chapeau de paille très blanche couvre son crâne illustre que par surcroît, une ombrelle blanche protège du soleil. De là le mot de M. de Goncourt en l'apercevant :

— Tiens ! Polichinelle voué au blanc !

L'ex-Président paraît rarement au Casino. Il y a, là, une société composée de conservateurs tranquilles et peu démonstratifs qui ne lui font pas l'accueil empressé dont il est friand. De rares saluts ne suffisent pas à cette personnalité un brin vaniteuse, et il lui a fallu reconnaître que ce monde réservé et amateur de plaisirs, préférait à la contemplation du chef des gauches les accords de l'orchestre d'Arban, les ébats « natatoires » des ladies et les séductions de tous genres accumulées dans le Casino.

Je dois pourtant reconnaître que l'ex-Président fut l'autre jour à son insu, le héros d'un incident bouffon. Six vigoureux employés durent transporter sur leurs épaules, d'un bout de la plage à l'autre, une énorme cabane louée par une société de riches Anglais. Quelqu'un s'avisa de s'écrier :

— Voilà M. Thiers qui vient prendre un bain !

Et tout le monde de quitter la terrasse pour descendre sur le galet. La plupart se réjouissaient de contempler le célèbre historien sous le costume obligé, — la tête coiffée d'un bonnet de toile cirée et les pieds chaussés d'espadrilles.

— Cet uniforme lui siéra à ravir, disaient les uns.

— Vous savez qu'il nage comme un congre, affirmaient les autres.

— Entre deux eaux, ajouta sentencieusement un réactionnaire.

— Vive le libérateur du territoire ! vociféra un fanatique.

Bref, la déception fut grande, quand, de la cabine triomphale, sortit un petit chien qu'on y avait enfermé par mégarde.

Non loin de l'hôtel Bristol, en se dirigeant

vers le phare, s'élève une construction en rotonde appartenant à la duchesse d'Armaillé. On peut y voir aux fenêtres, du samedi au lundi, le duc de Broglie qui, fatalement, croisera M. Thiers sur la plage. Si, à la même heure, le prince Napoléon sortait du Grand-Hôtel de Dieppe, la pelouse publique servirait de théâtre à une scène piquante autant que muette. Se salueraiton ? Ferait-on semblant de ne pas se connaître ? Mon avis est qu'on échangerait des regards de chiens de faïence — prouvant d'une manière péremptoire que la République est le gouvernement qui divise le moins.

Mais je manquerais à ma mission si je ne consacrais pas quelques lignes à la tente de Jérôme Bonaparte, abri portatif et confortable installé sur le galet, à l'abri d'un épi. Le prince qui semble fuir la foule prend ses bains seul, loin du Casino. S'il faut en croire les bruits qui circulent, le cousin de Napoléon III est exposé à heurter un de ces jours sur le dos de la même vague M. Gambetta qu'on attend, tout près d'ici, à Puys. Le tribun qui excelle dans la coupe marinière dira au « monseigneur » qui fait la planche comme pas un :

— Mon cher 363, je suis bien aise de vous rencontrer.

— Dictateur de mon cœur, vous me voyez ravi de barboter dans vos parages, répondra le député de la Corse.

Et les crevettes, les soles et les raies assisteront à un entretien empreint de la plus mielleuse cordialité jusqu'au moment où celui-ci proposera à celui-là d'exécuter quelques passades, ce que tous deux refuseront en murmurant *in petto* :

— Le plus souvent que je me laisserai prendre par toi à bras-le-corps... tu me noierais et le pays serait inconsolable de ma perte.

L'arrivée de M. Gambetta à Puys n'est peut-être pas un de ces canards comme il en vole tant, à cette heure, sur le littoral Dieppois, mais je puis affirmer qu'hier le grand prêtre de l'opportunisme n'avait pas encore apparu dans cette ravissante localité. Je n'y ai trouvé qu'Alexandre Dumas fils en train de jouer au billard dans son joli chalet, où il a entassé, comme à Paris, des bibelots et des tableaux du plus haut goût.

Voilà un homme heureux ! il a du talent, de la fortune, de l'esprit, de la santé, ne s'occupe pas de politique, et il a eu récemment, en lisant un discours sous la coupole des Quarante, cette bonne fortune, inouïe dans les fastes de l'Institut, de faire rire des académiciens !

JEAN RICHEPIN

JEAN RICHEPIN

Il y a cinq ou six ans, on jouait à l'Odéon je ne sais quel drame altérant, et ma gorge desséchée réclamait les apaisements d'un breuvage quelconque. Je profitai d'un entr'acte pour les aller chercher dans une taverne voisine. A peine étais-je attablé que la porte s'ouvrit avec fracas : un homme parut — qui ne pouvait passer inaperçu, car son costume attirait l'attention tout d'abord. Il était coiffé d'un feutre gris de forme pointue et ceint, à sa base, d'une ganse terminée par deux pompons rouges. Sa chemise de toile fine et non empesée débordait sur le col de son veston de velours en un flot de plis d'une blancheur éblouissante. Son pantalon collant disparaissait dans les tiges vernies de ses bottes molles qui, chaussaient admirablement des pieds d'une exiguïté aristocratique.

Cet étrange personnage tenait à la fois de Fra-Diavolo, d'Othello et de Porthos. Puissant et musclé, sans être massif, il portait sur des épaules d'athlète une tête superbe, une tête d'antique — la tête d'un centurion, retour des guerres Puniques. Son teint basané soulignait la farouche énergie de ses traits, et son front, ombragé par une frange de cheveux noirs et bouclés, trahissait la volonté poussée jusqu'à l'entêtement. Quand il parlait, ses lèvres rouges découvraient des dents de carnivore et son menton agitait le double éventail de sa barbe bifurquée. Enfin, sa parole était brève et vibrante, et sa voix, malgré sa rudesse cuivrée, avait des intonations mélodiques et pénétrantes.

Il n'était pas seul : une femme et un chien l'accompagnaient. Il rudoyait la femme et caressait le chien. C'était un animal superbe, haut comme un âne et doux comme un mouton — un Danois colossal, couleur gris de fer, dont les mâchoires, armées de crocs terrifiants, broyaient avec fracas les os de jambonneaux jetés sous les tables par les clients.

Un consommateur assis à mes côtés avait serré la main du maître de ce molosse. Je m'informai : il me nomma Jean Richepin, que

Chanson des gueux et ses suites judiciaires avait déjà rendu fameux.

— Ce garçon, continua-t-il, n'a pas vingt-huit ans, et je ne sache pas de héros de roman dont l'existence ait été plus mouvementée.

— Contez-moi ça.

— Volontiers.

J'appris ainsi que Jean Richepin, fils d'un médecin militaire, est né en Afrique, à Médéah, où les hasards de garnison avaient conduit son père. Un ancien zouave, devenu prêtre, l'a baptisé; un capitaine d'état-major, faisant fonction de maire, l'a inscrit à l'état civil. S'il faut en croire les recherches auxquelles il s'est lui-même livré avec une opiniâtreté curieuse, Richepin descendrait de ces bohémiens vagabonds qui vont par le monde, dans une carriole misérable, vivant, au jour le jour, de la vente des paniers qu'ils tressent avec une habileté singulière. Et ce qui corrobore cette légende, c'est le relief typique de son visage, l'habitude asiatique de son corps et son penchant prononcé pour l'excentrique et l'en-dehors.

Durant la guerre de Crimée, il habitait Belleville avec sa mère et affirmait — à peine âgé de cinq ans — un ardent amour de l'étude. Toujours premier dans les compositions, il jouait à la fin des distributions des prix, dont il était le héros acclamé la comédie de rigueur avec une aisance et un talent qui trahissaient déjà l'interprète étonnant de *Nana Saïb*. Son père, revenu de Russie, le prit avec lui ; le petit Jean roula de caserne en caserne, de lycée en lycée, charmant les loisirs de ses classes par des distractions essentiellement militaires... Il apprit ainsi le tambour, qu'il manie supérieurement et qui, à cette heure encore, est un de ses délassements favoris. Richepin bat la caisse pour se détendre les nerfs comme d'autres martyrisent un piano ou scient un violon, — avec cette différence que ses *ras* et ses *flas* sont le suprême du genre.

Ses études étaient finies à 16 ans, après des triomphes dont le lycée Napoléon a gardé le souvenir, car Richepin était ce qu'on appelle une bête à concours... Ses succès universitaires eurent, d'ailleurs, leur consécration dans son admission à l'Ecole normale, où il fut reçu le premier. Lorsqu'il en sortit, il eut une hallucination qui le jeta dans le sentier des réfractaires. Il se vit besoigneux et ignoré, professeur de troisième dans une bourgade, gagnant moins qu'un valet de chambre de bonne maison et administrant des pensums à des morveux indisciplinés : il jeta la toque et la robe aux orties.

Ainsi qu'il advient en pareil cas, sa famille le maudit, lui coupa les vivres et le poussa plus avant, par ses rigueurs, dans la voie dont ses instincts d'irrégulier et de trouvère ne lui avaient montré que les enchantements. Il dut en rabattre.... Mais, plutôt que de céder à son père, il essuya toutes les privations, tous les déboires. Il connut les longs jeûnes et les âpres tribulations. Ce qui ne l'empêchait pas de rire et de promener sa fière indépendance dans les brasseries, où il trompait la faim et la soif par de rares choucroûtes et des bocks intermittents. Encore fallait-il des sous pour les payer, ces maigres repas, qui se dressaient chaque matin devant son chevet comme des sphynx implacables. Richepin donna des leçons — de latin, de grec, de français, de mathématiques, de tout, même de tenue de livres et d'arpentage qu'il ignorait absolument !

Quand les élèves manquaient et que les répétitions s'envolaient avec la déveine et l'époque des vacances, le sang du bohémien — pour qui sont bons tous les métiers qui apaisent les fringales — bouillait dans ses veines et prenait le dessus. L'ex-fort en thème se souvenait qu'il avait des mollets de fer et des reins indomptés, et il entrait, en qualité de lutteur appointé, dans les baraques foraines. Il eut, comme tombeur d'hommes, des heures demeurées célèbres dans les fastes du caleçon. Les journaux chantèrent ses muscles et racontèrent ses biceps. Ses parents, désolés d'avoir engendré un Hercule alors qu'ils pensaient avoir mis au monde un savant, versaient des larmes — le croyant perdu pour les lettres, et maudissant sa robustesse qui le condamnait à mourir dans le maillot du saltimbanque.

Mais nul métier ne retenait ce fantasque. Ses instincts de poète l'attirent vers la mer. L'amant des infinis horizons s'engagea mousse ou matelot à bord d'un voilier qui allait de Nantes à Bordeaux, et là il exerça les rudes fonctions de portefaix, embarquant et débarquant des ballots qu'il enlevait comme des plumes sur ses omoplates noueuses. Tout d'un coup, je ne sais quelle bouffée de vagabondage lui monta à la tête. Le pont du navire lui parut étroit. Le dégoût de l'embrun le saisit. Il allait s'embarquer pour l'Amérique du Sud, quand le hasard le poussa sous la tente d'une troupe de bohémiens qui chantaient dans les villages devant des rustres ébahis.... L'ancien élève de l'Ecole normale dégoisa *l'Amant d'Amanda* — non sans brio.... Il eût préféré soupirer à son public les mélopées originales des Tziganes que le chef murmurait le soir, après la représentation, en grattant une guitare poussive, — mais ces cantilènes de saveur spéciale ne faisaient point d'argent! Le paysan préférait les morceaux de café-concert. Les czardas les plus entraînantes le laissaient insensible, alors que *les Bottes à Bastien* le ravissaient !... Cependant la sœur du patron de ces virtuoses dépenaillés s'était enamourée de Richepin. Elle lui offrit sa main en termes nets : un refus, c'était un coup de couteau. Richepin n'hésita pas : au lieu de casser la cruche que lui tendait l'Esmeralda — sans chèvre — il prit la clef des champs et s'évada du mariage, comme d'autres d'une prison, pour revenir à Paris.

***

L'odyssée de misère touchait à sa fin. Quelques journaux trans-séquaniens publiaient ses articles. Ce n'était pas l'aisance, mais les déjeuners et les dîners sortaient des steppes de l'hypothèse pour entrer dans l'oasis de la réalité. Richepin gagnait non-seulement sa vie, mais parfois aussi celle de joyeux compagnons, bohèmes comme lui, sans souci du lendemain, rêvant à la lune, narguant l'éditeur et soupant à l'occasion.

Le spectacle était curieux de ces drilles — tous lettrés — mâchant dans les brasseries plus d'esthétique que de beefsteak, choisissant pour bases de leur causerie les thèmes les plus ardus, discutant beaux-arts, philosophie, médecine avec une faconde, une exubérance et un éclat qui sidéraient les servantes du d'Harcourt. Les Claras et les Marthes de cet estaminet légendaire en laissaient tomber la vaisselle de stupeur et oubliaient parfois de réclamer le prix des absinthes.

Une fois saoûls de controverses et... de fine champagne, les compères quittaient la place... Ils menaient alors, par les rues, un tapage d'escholiers en goguette et hurlaient les hourvaris d'une basoche affolée, — se consolant de ne pas rosser le guet en éteignant les réverbères et en décrochant les enseignes. Leurs extravagances avaient pour accompagnement ordinaire quelque refrain grivois dont ils scandaient la prosodie fantaisiste par des claquements de main et des éclats de gosier qui faisaient tressauter les bourgeois dans leur lits. La phalange ne se composait pas toujours des mêmes soldats, car Richepin frayait avec plusieurs bandes; celle qui l'attirait le plus comptait dans ses rangs des rimeurs incompris et pourtant pleins de talent: J'en citerai quelques-uns :

Maurice Bouchor, qui ressemblait alors à Rubens, a publié, à 18 ans, un volume de vers exquis, intitulé *les Chansons joyeuses*. Léon Tanzi, peintre sec et moustachu comme don Quichotte, gymnasiarque hors ligne et vélocipédiste primé. Raoul Ponchon, ex-Absalon — qui n'a pas gardé ses cheveux, mais a conservé son goût pour les gilets cramoisis. Paul Bourget, qui tranchait déjà sur ses complices par des penchants de raffiné (Bourget buvait du thé... Quel chic, messeigneurs!) N'oublions pas Fenimore Fougère, mulâtre superbe, taillé en colosse, aujourd'hui médecin en chef des révoltés de la mère-patrie. J'en passe, comme Dupont, peintre décédé un Mardi-Gras, et Juvigny, mort chez les Carmes de la rue de Vaugirard.

Ils dévalèrent tous, un matin, boulevard Clichy, dans certaine brasserie, où l'on débitait aux appétits impérieux des aliments que des autruches n'eussent pas digérés. Ils se mirent à table à midi, et six heures sonnaient qu'ils n'avaient pas encore demandé les cure-dents! Chacun avait consommé sept déjeuners de suite! Les habitués faisaient cercle autour de ces gargantuas, qui engloutirent pour 76 francs de portions... La portion coûtait dix sous!

Richepin a fait aussi partie, au quartier Latin, de deux autres bandes : l'une de Bretons qui érigeaient la *beuverie* en religion, et l'autre de Haïtiens, qui n'admettaient que des compatriotes dans leurs rangs. La toison crépue et le cuir bronzé de Richepin leur fit croire sans doute qu'il était des leurs, car il obtint facilement l'accès de leurs réunions. Ils étaient tous plus noirs que des Belzébuths et bâtis comme des gladiateurs. Fougueuses, emportées, les discussions dégénéraient parfois en disputes.

— Penez gade — disait alors le controversé dans la langue coloniale — mô fai mil huit cent quat' su' vous.

Mil huit cent quatre est la date du grand massacre des blancs par les nègres, en Haïti. La menace était catégorique et l'on se la tenait pour dite... C'est à cette époque que, en manière de distraction, Richepin courait les fêtes, où son poing cassait les dynamomètres, et les bals, où son plaisir favori consistait à chercher querelle aux casquettes à trois ponts.

Ai-je parlé de ses fugues hors de France? de son hivernage à Guernesey — avec Bouchor et Ponchon, — de ses voyages à Londres, durant lesquels il visitait les bouges — affrontant, pour satisfaire sa dangereuse curiosité et sa fièvre d'observation, des dangers qui décourageaient les policemen, buvant des pintes de gin et feignant l'ivresse afin de ne pas devenir suspect et de n'être pas obligé de jouer du couteau ! Voilà comment il apprit à fond la langue anglaise — langue dont il possède tous les dialectes anciens et modernes. Cette érudition spéciale lui a permis de nous montrer le *Macbeth* littéral qu'a représenté le théâtre de la Porte-Saint-Martin.

***

Le Richepin d'aujourd'hui, poète arrivé et populaire, auteur à primes, rival des dramaturges à recettes, est resté le garçon fier, secourable, violent et bon d'autrefois. Il n'a plus de chapeau en cône, ni de pourpoint, ni de panache, de manchettes, mais il est toujours possédé par l'amour des bêtes.

Les enfants, les chiens, les vers, voilà ses « dominantes ». S'il rencontre un toutou ou un baby, il s'arrêtera, et l'on verra ce bronze florentin s'attendrir et se pâmer. Petit mangeur, sobre comme un ermite, en dépit de ses odes aux « ventrées » et de ses hymnes aux « cuites », il se montre convive frugal et réservé. Il avait à peine effleuré, l'autre jour, le poulet qu'on lui servit dans un dîner : la dame du lieu, faisant allusion à son facies et à sa structure de cannibale, lui dit en souriant :

— Vous préférez la volaille crue et vivante, peut-être ?

— S'il était ainsi, répliqua Richepin, je vous demanderais de l'emporter et de l'élever chez moi, où elle mourrait de vieillesse !

Le jeune poète médite ses œuvres et ne les écrit qu'après une longue incubation. Sa prodigieuse mémoire, qui lui a valu d'apprendre facilement trois langues vivantes, de s'assimiler le contenu des bibliothèques classiques et de retenir 23,000 mots, lui permet de composer tout un poème sans en tracer un vers. Son dernier volume a été écrit d'une seule traite. Je ne m'aviserai point d'analyser les *Blasphèmes*, car je ne fais pas œuvre de critique dans ce recueil : je ne puis cependant m'empêcher de constater que la vogue de cet ouvrage est un signe des temps...

Imaginez que demain paraisse, en librairie, un recueil de vers où Dieu et les enseignements de la morale chrétienne soient glorifiés — où les sublimes croyances qui servent d'assises aux théories sociales soient chantés en strophes harmonieuses — où la poésie la plus correcte mette au service des naïves légendes qui ont bercé nos jeunes sommeils ses accents les plus ailés et ses plus suaves harmonies, vous n'en saurez absolument rien... Et l'éditeur de ce volume verra tristement s'empiler sur ses rayons une œuvre qui jadis eût partagé peut-être avec celle de Lamartine l'honneur, la gloire et les profits des grands retentissements littéraires. On a changé tout cela. Pareilles aux estomacs affadis et dépravés qui ne digèrent que les salmis pimentés et les ragouts incendiaires, nos cervelles blasées n'acceptent et n'adoptent que des paradoxes, formulés en termes violents. Les papilles de notre intellect sont insensibles au sirop des vieilles vérités : le seul acide des négations les réveille... Rengainez, messieurs les nourrissons des muses, rengainez vos périodes caressantes ! il nous faut des tableaux qui bouleversent, des mots qui griffent, des phrases qui écorchent. Le doute, qui était une douleur, est devenu une jouissance. On se prend à sourire devant des écroulements qui autrefois eussent fait pleurer. On ridiculise l'admis, on blague le pur. C'est l'iconoclasme érigé en principe... Je me demande chez quel sculpteur, chez quel marbrier on taille à cette heure les idoles destinées à remplacer celles que Jean Richepin a si magistralement malmenées?

LE

GÉNÉRAL DU BARAIL

LE GÉNÉRAL DU BARAIL

On rapporte qu'Horace Vernet, voulant peindre je ne sais quelle bataille, fit tirer des coups de fusil dans son atelier et travailla dans la fumée de la poudre, jusqu'à ce qu'il eût terminé sa toile. C'est dans un nuage pareil qu'il me faudrait écrire ce portrait, car l'existence de l'honorable officier, qui naguères a brigué le mandat de député de la Seine, n'a été qu'une succession de batailles glorieuses où il a conquis tous ses grades — depuis ses galons de brigadier jusqu'à ses étoiles de divisionnaire.

Il débute, engagé volontaire dans les spahis, à Misserghin — un des premiers établissements d'occupation de l'Algérie — comme secrétaire du colonel Yussuf. Son prédécesseur, dans ces fonctions délicates, était le sous-lieutenant Fleury, dont on connaît la rapide fortune politique, mais dont on ignore les brillants débuts militaires. A cette époque, la guerre africaine battait son plein, et la lutte contre les Arabes enfantait des héros : il ne s'agissait point de combats réguliers et prévus, semblables à ceux du passé ; c'était une tuerie d'un genre sauvage et nouveau qui voulait plus que de la bravoure ; elle exigeait de la témérité. La mort était cachée dans les plus petits buissons : le moindre accident de terrain dissimulait une embûche. On vivait à l'heure, au quart d'heure, à la minute ! Aussi, le personnel du camp de Misserghin présentait une étonnante et superbe collection de casse-cou, appartenant à toutes les nationalités et groupés dans ce poste périlleux par l'amour de la gloire, le mépris du danger et la grandeur de la France.

L'ennemi ne faisait point de quartier ; tous les matins, on ramassait près du front de bandière (limite du camp), les têtes coupées des maraudeurs imprudents ou des spahis surpris en reconnaissance. Les soldats connaissaient si bien l'habitude familière aux Arabes de décapiter leurs prisonniers, et la foudroyante habileté avec laquelle ils abattaient leurs têtes, d'un seul coup de leurs yatagans, que plusieurs mettaient, avant de partir en expédition, de larges colliers de cuivre cadenassés semblables aux colliers des chiens. S'ils étaient pris, ils n'échappaient point à leur destinée, mais ils riaient (il y a des gens qui rient en de pareils moments!) il riaient de la mine déconfite du bourreau obligé de changer son mode préféré d'exécution.

*
* *

Le maréchal des logis du Barail s'était lié avec un type étrange — célèbre alors en Kabylie, sous le nom de Caïd Osman. C'était tout simplement un officier prussien obligé de s'expatrier à la suite d'un duel malheureux pour son adversaire — le major de son régiment. Il avait précipitamment franchi la frontière allemande, suivi le prince Puckler-Musko dans ses explorations au centre de l'Afrique et finalement s'était, sous un nom turc, échoué aux saphis où il accomplissait des prouesses qui touchent au prodige. Chasseur enragé, il s'en allait seul, par les ravins, tuer des perdreaux ou des lièvres au nez des Kabyles qui, le manquant toujours, le croyaient invulnérable. Il revint un soir, au camp, ayant fait coup double : il avait abattu une caille et un Arabe et, ne pouvant rapporter

10

tout son butin, il avait plumé la caille qu'il avait ficelée entre les oreilles de l'Arabe ainsi que font généralement avec des feuilles de vigne les cuisiniers qui accommodent ce rôti : « La voilà prête à cuire, disait-il. »

Osman — dont le nom véritable était Yeger — se battit encore pour nous en Crimée, en Italie et au Mexique où il fut tué sous les ordres de son ami du Barail, devenu colonel.

Aux spahis, la moitié des cadres est française et l'autre indigène. Dans cette dernière moitié, on comptait Ali-ben-Rhamoun, recrue précieuse qui montrait à ses camarades la façon de triompher des assauts inattendus et des perfidies longuement méditées de l'ennemi. Il fut le professeur d'arabe de du Barail, mais il ne lui inspira point, fort heureusement, sa passion pour le hachich, — la morphine musulmane. C'est le hachich qui causa la perte de Rhamoun! Un soir, étant en proie aux ivresses de ce narcotique, il poignarda le médecin-major de l'hôpital de Mascara, qu'il surprit aux pieds de sa maîtresse. Dans sa rage, il détacha la tête du tronc et l'élevant, toute sanglante, à la hauteur de son visage :

— Pourquoi me trompes-tu avec cet homme? dit-il à la coupable. Regarde bien : je suis plus beau que lui.

Ali-ben-Rhamoun était, en effet, un superbe Couloughi (fils d'un Turc et d'une indigène). Condamné à mort, il vit sa peine commuée ensuite en travaux forcés à perpétuité. Plusieurs années après cet événement, le lieutenant du Barail, débarquant à Toulon pour rejoindre son corps, eut la fantaisie de visiter le bagne. En traversant la section des Arabes, il remarqua un vieillard à la barbe blanche, à la face flétrie, à la démarche pénible, dont les yeux d'un noir de jais le considéraient avidement. C'était Ali-ben-Rhamoun, qui avait à peine trente ans : on lui en eût donné quatre-vingts — tant avait souffert ce captif, transporté des espaces du désert dans un étroit atelier qu'il surveillait, vêtu de la livrée d'infamie. Le visiteur, bien qu'il fût en tenue d'officier, eut le courage de lui tendre la main... Le forçat la prit sans mot dire et la porta simplement à ses paupières où tremblaient deux larmes. Puis il se retira d'un pas moins chancelant, relevant son échine courbée — et comme régénéré par cette poignée de main qui lui avait fait oublier son crime et son châtiment.

*
* *

Le général du Barail montre aujourd'hui encore

le fanatisme, l'ardeur et la pétulance d'un Saint-Cyrien ambitieux. Il est resté militaire dans la plus complète acception du mot. Je doute que le spahi, engagé à dix-sept ans, ait été plus soucieux et plus fier de son titre de soldat que l'est même à cette heure l'ancien ministre de la guerre.

Si on lui demande ses opinions, il répond qu'il est soldat! Sa religion : soldat! Ses goûts : soldat! La carrière des armes est, à son sens, un sacerdoce, une prêtrise, une mission sainte où la patrie et Dieu se confondent en une divinité unique qui veut être servie sans arrière-pensée, sans souci des temps, des hommes ou des choses, avec une foi aveugle et une imperturbable abnégation. De telles idées expliquent une existence aussi noblement remplie.

On m'a conté qu'il dut son premier avancement à un détail d'inspection. Interrogé par un maréchal de France sur le nom de quelques-uns de ses hommes (tous Arabes), il les épela tour à tour, si longs qu'ils fussent, ajoutant, comme corollaire à ce prodige de mémoire, des détails et des considérations sur le moral, les aptitudes et les particularités de chaque individu.

Le général du Barail est resté le robuste et déterminé cavalier dont le masque, à la fois énergique et avenant, rappelle celui du maréchal de Saint-Arnaud. Doué d'une santé de fer, il passe ses matinées à chevaucher dans le Bois de Boulogne et travaille le reste de la journée. Son érudition tient du miracle. Il connaît par le menu les guerres de tous les peuples et ne dédaigne point d'égayer l'aridité de certaines campagnes par des anecdotes puisées dans des ouvrages ignorés des officiers et même des bibliophiles.

Il sait Alexandre de Macédoine aussi bien que Frédéric de Prusse, retrace les batailles anciennes aussi fidèlement que les mêlées modernes, et juge toutes les rencontres en stratégiste éminent, — démontrant ainsi qu'on le connaît peu en ne lui assignant de capacités que sur le terrain de la cavalerie... Ajoutez à cela une justesse d'expression peu commune, un langage imagé et une sobriété d'épithètes rares chez les orateurs descriptifs.

D'après lui, le courage est « la doublure de l'uniforme » Et il en a toujours eu à revendre!... C'est sous le feu de l'ennemi qu'il a le plus dépensé de cette verve intarissable qui en fait un véritable charmeur.

Durant l'épidémie de fièvre jaune qui décimait nos troupes au Mexique, il appelait le cimetière de la Vera-Cruz « le Jardin d'Acclimatation des Français ».

Un mot qui peint son indifférence pour les grandeurs :

L'Etat garnit, paraît-il, de vin ordinaire les caves des ministres. Les Excellences n'achètent, de leurs deniers, que les crus supérieurs. Quand le général du Barail quitta le portefeuille de la guerre, il dit à son officier d'ordonnance qui se désolait :

— Vous avez raison... Ça va bien nous ennuyer d'emballer les vins fins !

.·.

De tout temps, l'équitation a été son délassement favori, et il a toujours monté des chevaux superbes. En 1867, il parut à Longchamps, à la revue des Souverains, sur Joyeux-Vicomte — une bête admirable dont la robe noire avait des éclats de satin sous les rayons du soleil. Lorsqu'il défila, à la tête de sa brigade, le czar Alexandre, se penchant vers Napoléon III, s'écria :

— Un rude cheval !

— Et un rude officier, ajouta l'Empereur.

Ses amis attribuent à la sobriété du général la lucidité persistante de ses facultés et la juvénile impétuosité de ses mouvements. De fait, nul ne sut mieux que lui dompter ses appétits. Il but de l'eau pendant un an, sous le climat affaiblissant de la Kabylie, pour prouver à ses subordonnés que l'alcool est un danger plutôt qu'une nécessité.

Une autre fois, confiné dans une redoute où les vivres manquaient, il laissa les subsistances à ses hommes et vécut d'escargots.

Je dois pourtant, en biographe sincère, signaler un défaut du général. Il aime le jeu... et perdra jusqu'à vingt sous, dans une soirée, au whist ou aux dominos... Que voulez-vous? nul n'est parfait ici-bas.

*
* *

En campagne, aucun chef n'a su plus judicieusement allier une sollicitude paternelle à une sévérité implacable. Signalerai-je son indulgence et sa générosité pour les vaincus? Pendant l'expédition du Mexique, un chasseur avait emporté un perroquet qui fut réclamé par son propriétaire — partisan de Juarès et adversaire de notre intervention — avec une insistance et une insolence qui soulevaient des murmures dans les rangs. L'affaire vint aux oreilles du colonel du Barail, qui le restitua de ses mains au plaignant — planté devant lui dans une attitude arrogante.

— Pourquoi tenez-vous tant à cet oiseau?

— Il parle si bien!

— Alors qu'eussiez vous fait si on vous eût enlevé votre femme?

— Je n'aurais pas réclamé.

— Vraiment!

— Ma femme dit beaucoup de bêtises, colonel, tandis que mon perroquet n'en dit pas. Écoutez plutôt.

Et l'oiseau, caressé par son maître, prononça ces mots :

« A bas les Français! »

— Sauvez-vous avec votre animal, dit à voix basse le colonel au Mexicain, car si on l'a entendu, je ne réponds ni de vous ni de lui.

Le gallophobe, étonné de cette générosité inattendue, se jeta aux pieds de du Barail, et, tordant le cou à l'oiseau, il s'écria :

— Décidément, il est comme ma femme, il ne sait ce qu'il dit.

P. S. Fatigué de son inaction, le général du Barail a récemment accepté les fonctions de président du comité bonapartiste. Il y déploie un zèle et une intelligence qui stimule les agissements du parti et lui font concevoir pour l'avenir des espérances que le caractère exclusivement littéraire de ce livre nous interdit d'encourager ou de combattre.

SACHER-MASOCH

SACHER-MASOCH

On rendra cette justice aux appétits intellectuels des Français qu'ils ne sont ni partiaux ni exclusifs. Quelle que soit la nationalité d'un écrivain, s'il a de l'originalité, de l'imagination, du style ou de la couleur, nous l'accueillons, nous lui faisons fête, nous enrubannons sa boutonnière et nous lui marchandons si peu nos éloges qu'il acquiert parfois, chez nous, une vogue supérieure à celle dont il jouit dans sa patrie. Cet éclectisme dans nos lectures s'est manifesté par de vives sympathies pour les romanciers et les poètes anglais. Ç'a été ensuite le tour des Américains et notre engouement, passant de l'Ouest à l'Est, s'est brusquement abattu sur la Russie : Tolstoï et Dostoïewski sont, à cette heure, dans les salons Parisiens, l'objet d'un louable enthousiasme.

Parmi les étrangers dont le talent a devancé cette ère de révélation et dont les livres ont eu, dès leur éclosion, un retentissement européen, il convient de citer le Gallicien Sacher-Masoch. Je n'essayerai point, après des critiques autorisés, de célébrer les mérites descriptifs et pittoresques des ouvrages de ce Maître, mais je profiterai du hasard qui m'a valu de lui être présenté, pour tracer un rapide croquis de sa personne et de sa vie.

* * *

M. Sacher-Masoch est un homme jeune encore, qui parle huit langues, et impose, au premier abord, un intérêt que justifient le charme de sa conversation et l'étendue de ses connaissances ethnographiques. Il a beaucoup voyagé, beaucoup observé et retenu, de son commerce avec les gens de toutes classes et de tous pays, des aperçus qu'il exprime en des termes d'un ragoût particulier. Sa voix est contenue, son geste sobre; il est de ceux dont on dit « qu'ils ne font point d'embarras ».

Inutile de mentionner que M. Sacher-Masoch

est un travailleur. On n'atteint point la perfection de la forme, le fini des détails et l'harmonie de l'ensemble sans de longues méditations et d'opiniâtres labeurs. Ce qui est merveilleux dans le cerveau remarquablement organisé de cet écrivain, c'est la faculté de penser à cinq ou six ouvrages à la fois et de mener de front cette besogne multiple, sans fatigue et sans défaillances. Il a, sur son bureau, des enveloppes de carton où il entasse, au fur et à mesure qu'ils lui viennent à l'esprit, des incidents, des épisodes, des tableaux de mœurs ou des paysages. Tel un mosaïste pique ses pierres colorées sur vingt planches différentes et livre tout d'un coup vingt merveilles simultanément préparées.

*
* *

Le romancier gallicien est brun. Son visage ne ment point à ses origines. Petit-fils d'un Espagnol et d'une Russe, ses traits accusent l'hidalgo mâtiné de boyard. De son aïeul paternel il tient un teint mat et bistré qu'on dirait brûlé par les ardeurs du soleil castillan, alors que certaines pâleurs sous-jacentes de son épiderme rappellent que sa grand'mère a subi la caresse des frimas moscovites.

Beaucoup, se méprenant aux indulgences sémitiques de ses récits, croient Sacher-Masoch juif. Ils se trompent. Les louanges qu'il dispense à Israël sont désintéressées et reposent sur des considérations qu'il m'énumérait avec une éloquence captivante :

— Dans le peuple juif, me disait-il, j'admire le peuple le plus vieux qui soit sur terre — celui qui a traversé les siècles en enrichissant son intellect de tous les progrès et de toutes les perfections. Nomade, il a répandu dans le monde entier les idées industrielles et scientifiques successivement issues de l'entendement humain — à la façon du sachet qui parfume les milieux où on le place. Il a été l'agent de transmission et de diffusion de toutes les supériorités sociales, conservant, en dépit des exils et des persécutions, une ténacité et une ardeur au travail qui sont le propre de cette race d'élite. Je la respecte, cette race, à l'égal des descendants d'une grande famille illustrée par les hauts faits d'ancêtres fameux. Le juif m'inspire les mêmes réflexions que le lazzarone endormi sur les marches d'un palais romain... Qui me dit que cet Italien assoupi, là, devant moi, n'a point dans les veines le sang d'un proconsul, et pourquoi ne m'inclinerais-je pas devant cette épave d'une antique nation, qui a conquis l'univers et dont le renom subsiste encore ? En le saluant, je ne salue pas un homme, je salue l'histoire, la tradition, la gloire, le courage, les lettres, les arts!.. Et puis, je trouve absurdes les préjugés du judéophobe qui reproche justement au juif les faiblesses et les âpretés que son intolérance lui a toujours imposées...

— Je m'étonne, interrompis-je, que M. de Bismarck soit secrètement favorable aux mouvements antisémitiques de l'Allemagne.

— On peut être un grand génie et un petit esprit.

Ne voulant point « spécialiser » l'entretien, j'en modifiai la direction en demandant au romancier de me préciser l'époque où il reçut la croix de la Légion d'honneur.

— En 1883..., me dit-il. Ce fut un beau jour pour moi, et la France que j'adorais ne m'en devint que plus chère. Car, outre cette distinction, une députation me remit un album d'autographes que je laisserai à mon fils comme un héritage préférable aux millions d'un financier. Ce recueil contient des lettres de vos plus célèbres compatriotes : le duc d'Aumale me remercie dans la sienne d'aimer la France; Victor Hugo figure dans cette précieuse collection sous la forme d'un télégramme tellement flatteur que je n'ose vous le répéter. Rochefort, le duc de Broglie,

Zola, Jules Simon, toutes vos gloires, sans distinction de caste ou de parti, m'y accablent de compliments, auxquels je ne puis songer sans que des larmes jaillissent de mes paupières... Ah ! voyez-vous, ce que je prise plus que la popularité, le succès et les bénéfices, c'est l'affection que l'écrivain heureux inspire à ses lecteurs. Certes, il est agréable d'être compris, apprécié et loué, mais être aimé ! sentir qu'on a un ami dans celui qui vous a lu, quelle joie ! Et combien de fois, dans mes accès d'ambition littéraire, n'ai-je point murmuré le proverbe de mon pays :

« Ferme-moi ta porte — si tu le veux — mais ouvre-moi ton cœur. »

⁂

Cette touchante conclusion me remet en mémoire une incroyable aventure survenue à Sacher-Masoch il y a cinq ans. Il sera bien surpris de la lire, car elle est ignorée et, pour des raisons trop longues à donner ici, je suis, sinon le seul à la savoir, du moins le premier à la raconter.

Sacher-Masoch a publié une nouvelle dans laquelle un comte polonais s'éprend d'un adolescent. Il l'attache à sa personne, se consacre à son éducation, à l'épanouissement de ses aptitudes et en fait le confident de ses joies et de ses peines. Bientôt l'élève est de force à discuter avec son professeur les thèses les plus ardues et les plus subtiles, et cette union dure jusqu'au jour où le comte s'aperçoit que son jeune ami est une femme! L'idée qu'une question matérielle peut altérer la nature philosophique et immatérielle de leurs relations met le grand seigneur en fuite... Et le roman finit sur cette découverte à la *Jocelyn*. Quelque temps après l'apparition de ce livre, Sacher-Masoch reçut une lettre anonyme où on lui proposait une liaison spirituelle comme celle du comte polonais : on ajoutait que son sexe le mettait à l'abri d'une rupture semblable à celle de sa nouvelle. On répétait, à chaque ligne, qu'il s'agissait d'une amitié sincère et inaltérable et l'on concluait par un appel sentimental à sa pitié. « Consoler une âme éplorée et meurtrie, rattacher à la vie un esprit déçu jusqu'à songer au suicide. » Telle était la phrase finale de cette épître singulière.

Le Gallicien intrigué pensa que cette élégie émanait d'une femme, et son imagination enfourcha cette hypothèse pour chevaucher en pleine fantaisie. Le style d'une deuxième lettre, l'étrangeté d'un rendez-vous dans une bourgade de Styrie, la condition qu'on lui imposait *sine quâ non* de garder un bandeau sur les yeux durant les entrevues, mirent ses dernières hésitations en déroute, et le voilà parti ! Il arriva à l'heure dite dans un appartement composé de trois pièces : celle du milieu était réservée au colloque — ce qui indiquait la résolution d'en soustraire les termes à toute oreille indiscrète. Fidèle à son serment, Sacher-Masoch se banda les yeux : deux minutes après, une voix masculine — mais admirablement timbrée et particulièrement mélodieuse — lui disait : « merci ! » et lui renouvelait les propositions de la lettre anonyme dans un idiome bavarois, correct et débordant de protestations attendries. Bien que désappointé de percevoir un bruit de bottes où il croyait entendre le froufrou d'un jupon, Sacher-Masoch écoutait, attentif, les propos que lui tenait la voix d'or. Il se sentit bientôt captivé et hypnotisé au point qu'il accepta sa mission d'ange sauveur... Et il subit ce magnétisme inexplicable un an — durant lequel il eut la constance de conserver sur le front le foulard qui lui dérobait les traits de son interlocuteur. Des controverses de l'ordre le plus élevé et relevant du domaine passionnel ou psychologique servaient de bases à ces dialogues intermittents. Lorsqu'ils ne pouvaient avoir lieu, Sacher-Masoch — d'après des instructions précises — dépêchait des lettres à Londres, à Vienne, à Paris, à Stockholm, etc. Les réponses qu'il recevait, écrites sur un parchemin luxueux frappé d'une couronne ducale, étaient invariablement signées d'un nom presque ridicule, si on le rapproche du mystère et de l'originalité de l'aventure. Ce nom (Anatole) prosaïque et grotesque, effaroucha d'abord le romancier : plus tard il s'y habitua. Et puis il voulait en avoir le cœur net. Il espérait qu'un jour il serait relevé de son serment et pourrait enfin contempler l'inconnu. En effet, Anatole lui dit une après-midi :

— Je t'autorise à me regarder.

Sacher-Masoch, enlevant son bandeau, aperçut devant lui un garçon superbe, au visage contristé et mélancolique, qui lui tendit la main et l'interpella en ces termes :

— Si tu m'aimes un peu, si tu as compris que ta destinée est de me sauver, de me guérir, et que ton rôle est de m'arracher à la désespérance et au trépas, quitte ta demeure. Que mon foyer devienne le tien... tu seras grand, riche et puissant entre tous.

L'écrivain demeurait interloqué. L'image de sa femme chérie et de son fils bien-aimé passèrent devant ses yeux. Il demanda à réfléchir et finalement déclina l'offre d'Anatole...

Passant quelques jours plus tard devant la vitrine d'un papetier de Vienne, il resta saisi de stupeur devant une photographie qui n'était autre que celle d'Anatole. Au bas, une étiquette portait cette inscription :

S. M. LOUIS II, ROI DE BAVIÈRE.

La lumière se fit dans son esprit. Le prince dément avait rêvé, à ses côtés, un Wagner littéraire en guise de pendant au Wagner musical ; Qui sait ce qui serait advenu si Sacher-Masoch s'était prêté à la cure de ce fou couronné ? Peut-être eût-il préservé ce royal cerveau des hallucinations qui l'ont conduit à un trépas prématuré et Louis II, l'ami des Français, l'ennemi de Bismark, régnerait peut-être encore !

***

Sacher-Masoch est pour quelques semaines à Paris.

— Je me fixerais ici volontiers, m'a-t-il dit, mais je crains de n'y point travailler dans le calme nécessaire à mes inspirations. J'admire même comment vos hommes de lettres arrivent à une telle dépense de verve et à l'enfantement de si belles choses dans un milieu si bruyant, si plein de tentations irrésistibles et d'énervements délicieux. Il faut vraiment qu'ils aient un don particulier pour n'être pas distraits du chant de leur Muse par le concert des séductions et le carillon des plaisirs parisiens ! Soyez mon ami, venez me voir souvent; afin que vous n'oubliiez pas mon adresse, permettez-moi de l'inscrire sur ce bout de papier.

Et, saisissant une feuille volante, Sacher-Masoch écrivit : 20, rue de Madrid, de son écriture élégante et aristocratique. — Rentré chez moi, je retournai cette feuille par hasard : quelle ne fut pas mon étonnement d'y lire des pensées tracées, le matin sans doute, par la plume du Gallicien.

En voici quatre :

L'exotisme dans la littérature ne nous intéresse que lorsqu'il sert à faire ressortir plus vigoureusement les sentiments humains que nous connaissons.

Quand on veut arriver en littérature, il faut avoir beaucoup plus de bons ennemis que de bons amis : les bons amis sont comme les femmes qui quittent leurs amants, ils oublient vite : les bons ennemis ressemblent aux femmes abandonnées, ils nous poursuivent jusqu'au delà du tombeau.

Un proverbe espagnol dit : « On se croit toujours l'égal de ceux qu'on loue. » Je suis très fier des jugements peu favorables de la presse allemande.

Ce n'est pas seulement l'œuvre qui doit être belle et vraie : c'est la vérité qu'elle représente qui doit être belle.

Ces deux derniers aphorismes peignent bien l'Autrichien libéral possédé par l'horreur de l'Allemand, et le vertueux poète qui a toujours mis son génie au service du Beau et du Vrai.

ALPHONSE XII

ALPHONSE XII

J'étais à Madrid à l'époque où le feu roi Alphonse XII épousait en premières noces, la malheureuse Mercedes, fille du duc de Montpensier. C'est à cette époque que remontent les notes que je groupe ci-dessous dans l'ordre ou plutôt dans le désordre qu'elles présentent sur mon carnet.

Le Roi a daigné me recevoir, ainsi que quelques compatriotes de haute marque que son mariage avait attirés à Madrid. La grâce parfaite et la précoce intelligence du jeune prince sont dignes de remarque.

En l'entendant mettre, pour chacun, sur un thème nouveau, une conversation forcément ennuyeuse et banale et terminer l'entretien par une phrase aimable et originale, je l'admirais sincèrement et je me disais que, pour un royaume, (c'était le cas), je ne voudrais me trouver dans une telle position. Et lorsque je songeais que ce souverain de vingt ans est depuis huit jours sur le gril ardent de la courtoisie obligatoire, des discours forcés et du sourire éternel, je comprenais la joie qu'il a éprouvée en disant à la reine, après une fête : — Nous partirons mardi pour le Pardo!

Durant cette présentation, j'ai pu, à loisir, examiner ce couple digne de compassion — tout auguste qu'il soit — car l'étiquette et le programme officiel lui ont mesuré ses épanchements, durant la période matrimoniale que Balzac qualifiait d'inflammatoire...

*
* *

Le roi est de taille petite. Sa barbe naissante jette sur ses joues rosées et sur son menton d'un dessin énergique, des fils clairs et soyeux. Sans être d'un dessin irréprochable, sa bouche toujours entr'ouverte, a quelque chose de franc et de sain qui séduit. Le nez bourbonien s'avance, un peu plus que de raison, sur une moustache qui sera noire. Enfin, l'éclair joyeux des prunelles d'un gris bleu trahit la confiance, la jeunesse, le plaisir de vivre et les hautes espérances.

Alphonse XII — comme Napoléon III —

incline la tête en parlant. On dit que beaucoup de souverains adoptent cette habitude ou plutôt la subissent à la façon des amateurs de tableaux en face d'une toile de prix. Les rois ne cherchent-ils pas aussi à dégager des enseignements de l'examen des scènes vécues sous leurs regards? Et l'humanité n'est-elle pas également pour eux un tableau dont il leur faut bien apprécier les séductions ou les défauts?

Le prince était en tenue de capitaine général. Il a causé fer avec M. Schneider, du Creuzot, littérature avec les gens de lettres et journal avec les journalistes.

— Comment avez-vous pu, m'a-t-il dit, tout voir et tout dire si vite et si bien? (j'envoyais alors à Paris des courriers sur les événements et les fêtes auxquels j'assistais.)

Je remerciai, de son indulgence, Sa Majesté, qui me demanda encore si je connaissais déjà l'Espagne et daigna manifester l'espérance de m'y revoir — ce que je me promis sérieusement. Pour employer la phrase répondue au roi par M. Bazire, attaché à notre ministère des affaires étrangères et présenté en même temps que nous. « Tout attire l'étranger à Madrid et tout l'y retient. » Il y a bien par ci par là quelques détails qui heurtent, mais en somme, on n'éprouve pas, en ce royaume, la nostalgie qui fait boucler sa valise avec précipitation au Parisien dépaysé.

La reine, vêtue d'une robe de soie damassée, gris perle, se tenait près de son mari, et appuyait par des sourires ses paroles affables. Ses yeux noirs le fixaient avec un affectueux orgueil, et l'on y lisait une admiration, partagée d'ailleurs par tous les assistants, sur la facilité de son élocution et l'élégance de son maintien.

A trois heures, nous prenions congé de Leurs Majestés.

. . . .

. . . .

Grâce au comte Morphy ancien précepteur du Prince, aujourd'hui son secrétaire particulier, je visitai le Palais. C'est ainsi que je puis décrire

La chambre à coucher du roi

qui trahit dans ses moindres détails l'homme épris. Partout des portraits de l'infante.

Dans un coffret à couvercle de verre où le roi serre ses mouchoirs, j'aperçois des fleurs desséchées, des bonbons à demi-mordus, un gant mignon à peine fané — épaves charmantes qui en disent plus que cent déclarations.

Et ce téléphone qui, depuis hier, met en correspondance la bibliothèque du roi et le boudoir de la princesse, à Aranjuez, croyez-vous qu'il chôme?

On a beau dire, l'amour est une chose délicieuse, — même pour ceux qui en sont revenus! Le jeune drôle, que les précieux du dix-huitième siècle appelaient « le Dieu malin, » reste séduisant, même pour ses invalides, et j'avoue que, dans ce nid opulent où je me suis promené toute une après-midi, j'ai passé par les plus douces émotions. Je me suis souvenu — sans envie et sans regrets. Et j'étais heureux, par ricochet, à la pensée des heures ineffables qui attendent ce couple charmant.

— Ils se sont mis à deux pour avoir quarante ans, et ils n'en ont que trente-sept! m'a dit un vieil intendant qui a vu naître le roi.

Cette phrase, sire, résume les félicités réservées à votre union. Vous avez tous deux la jeunesse, la couronne, un peuple qui vous aime, un royaume lumineux et pittoresque qui ne ressemble à aucun autre, et une opposition plus malicieuse que méchante. Tout est pour le mieux dans la meilleure des Espagnes, et je souhaite à Vos Majestés de comprendre leur bonheur, car les ciels sereins deviennent rares dans les hautes régions où vous allez vous aimer.

*
* *

Les envoyés des puissances sont arrivés tout à l'heure. Un fourgon du train qui a débarqué ici l'amiral Fourichon portait sa voiture de gala — un carrosse du garde-meuble des portières duquel on a enlevé l'écusson impérial. Ce véhicule figurera parmi les 200 carrosses du cortége de mercredi. Jamais, paraît-il, on n'aura déployé pareil luxe de livrées, d'attelages et de harnais. Les voitures des grands d'Espagne conviés aux épousailles royales, rappelleront les magnificences décrites dans les contes bleus et les noces improbables des Mille et une Nuits.

Au surplus, on soigne tout particulièrement les équipages à Madrid; hier, au *Retiro* (le bois de Boulogne de l'endroit), j'ai admiré les landaus et les coupés des habitués du parc. Les voitures sont tenues comme nulle part. J'ai croisé la victoria où Pavia — le fameux Pavia ! — fumait un cigare, et la calèche de la duchesse de Medina-Cœli — celle-là même qui possède une forêt de pins dont le périmètre a cinquante lieues de tour. Au pied de chaque arbre est pratiquée une incision : de l'incision coule de la résine, et toutes ces résines recueillies donnent à la duchesse de quoi bâtir et entretenir vingt palais, mille domestiques, deux cents chevaux, etc. J'ai également aperçu le duc d'Ossuna dans son coupé ; l'infortuné gentilhomme est ruiné. Il n'a plus que sept cent vingt mille livres de rente. Sort cruel pour un caballero dont les emprunts ont été si considérables qu'ils auraient pu faire vivre et prospérer un crédit foncier, comme celui de Paris, pendant dix ans ! Le duc d'Ossuna est allé un jour en poste de Madrid à Séville, *sans sortir de chez lui*.

Voici encore le duc de Santonia — un grand d'Espagne de fraîche date. Le carrosse dans lequel il se rendra au mariage du roi lui a coûté 50,000 francs. De plus, il a, pour la circonstance, acheté six chevaux de cinq mille louis, et la duchesse, sa femme, a commandé à Paris, chez Laferrière, une robe en point d'Alençon, agrémentée de perles, d'un prix net de 60,000 francs. J'ajoute que la duchesse de Santonia est la femme la plus charitable du royaume. Ouvroirs, crèches, lavoirs, hôpitaux, écoles, elle a sacrifié des millions à des œuvres de bienfaisance. La femme de l'obscur chapelier se souvient des années difficiles où elle aidait son mari, alors au début de sa carrière. Vous avez bien lu. Le duc de Santonia a été chapelier. Après avoir ouvert une modeste boutique, il obtint les fournitures de l'armée et réalisa une de ces fortunes que les chiffres eux-mêmes sont impuissants à jauger. Il mit ses coffres-forts à la disposition du fils d'Isabelle, longtemps avant qu'il ne reçût le pouvoir suprême, et Alphonse XII, se rappelant les preuves de dévouement données au prince des Asturies, le nomma grand d'Espagne.

Certaine belle princesse de souche dix fois centenaire faisant allusion au privilège de la grandesse qui autorise son titulaire à rester couvert devant son Souverain, dit à l'Opéra le soir même où parut le décret :

— Ce bon Santonia a mis des chapeaux sur tant d'occiputs qu'il a bien gagné de garder le sien sur sa tête !

*
* *

On m'a conduit hier chez le joaillier de la rue Saint-Gérôme, qui a ciselé et monté la couronne offerte à l'infante par son époux. C'est une pièce d'orfèvrerie qui vaut cinq cent mille francs. Si éblouissants que soient les feux des diamants qui la composent, ils auront du mal à éclipser l'éclat des yeux de dona Mercedès, qui sont vifs et spirituels. Un collier de trois cent mille francs formé par quarante perles, grosses comme des avelines, des pendants d'oreilles et plusieurs services d'argenterie complètent le million affecté à cette royale commande.

La chaussée, aux abords du bijoutier, est encombrée d'équipages, car toute l'aristocratie madrilène vient contempler ces princières offrandes. Une duchesse soupèse, devant moi, le diadème, et fait de la philosophie sans le savoir en s'écriant :

— Comme c'est lourd une couronne!..

Dans une rue voisine, on montre chez une bonne faiseuse le corset de la reine, bâti et agencé à grand renfort de satin, de perles, de valenciennes et d'agrafes en brillants. J'ai été, je l'avoue, choqué de cette exhibition qui provoque des remarques un peu bien familières. La curiosité dont cet objet est la proie m'a révolté, et j'ai exprimé tout haut mon sentiment.

Une senorita qui a des yeux devant lesquels on se ferait facilement la barbe, m'a dévisagé, et d'un ton aigrelet :

— Ne vous montrez pas si sévère, me dit-elle. Quand vos lingères en renom exposent à Paris le trousseau des jeunes filles du faubourg Saint-Germain, on en voit bien d'autres!...

Quoiqu'une prise de bec avec cette piquante madrilène n'ait rien de bien effrayant, je me suis incliné devant cette argumentation non moins logique que triomphante, et je me suis sauvé au

Palais où l'affable comte Morphy m'attendait.

Toutes les demeures royales se ressemblent. C'est toujours le même entassement de meubles de prix et d'objets d'art. La plupart ont leur histoire. Sur cette table ont été signées jadis dix condamnations capitales. Cette horloge a sonné l'heure de vingt révolutions. Ce coussin a gardé les traces des larmes versées par telle princesse à la mort d'un être cher... J'ai vu dans la salle du trône le siège sur lequel s'est assis Philippe III — sur lequel s'asseyait hier Alphonse XII recevant le message des Chambres — sur lequel il s'asseoira tantôt et demain, pour recueillir les hommages du corps diplomatique et des envoyés extraordinaires. Le temps a jeté sur le velours et les broderies d'argent de l'antique fauteuil une patine heureuse. Les passementeries brillent encore mais d'un éclat sobre et tempéré, comme les yeux de certains vieillards. Les siècles ont éteint les reliefs des dorures, et en battant du bout de ma canne l'utrecht du dossier, j'ai fait voler dans l'espace la poussière des temps, incrustée dans le filigrane.

J'étais tout près de m'abîmer dans des songes rétrospectifs quand la réflexion extra-moderne et trivialement comique d'un Français visitant le Palacio, m'a rappelé aux réalités parisiennes de 1878.

— Sur ce fauteuil historique, s'est écrié mon compatriote, s'est assise une grande figure!

Feu Clairville n'eût pas mieux trouvé.

Quand j'aurai signalé la collection sans rivale des bronzes antiques rapportés jadis d'Italie par Charles V, les plafonds de Tiepolo, les tapisseries de haute lice, les lustres et les cartels, merveilles du dernier siècle, j'en aurai terminé avec les salons où défileront prochainement les illustrations officielles des deux hémisphères, — moi compris.

*
* *

Je préfère d'ailleurs parler des pièces intimes que de rares privilégiés ont parcourues avec moi. Que de jolis bibelots! Quelle quantité de coffrets ravissants! Les pendules surtout ont charmé mes appétits artistiques.

J'ignore le nom du connaisseur qui nous a enlevé ce que les artisans français des règnes de Louis XV et Louis XVI ont produit de plus séduisant dans ce genre, mais à coup sûr, c'était, en style de brocanteur, un vrai malin. J'ai particulièrement admiré la pendule qui décore une des cuartos de la future reine... Est-ce au hasard que revient la finesse de l'à-propos? Est-ce un effet voulu par la passion royale? Je ne puis me prononcer sur ce point... Le socle de marbre blanc supporte deux amoureux tendrement enlacés. Leurs bouches se confondent en un baiser d'autant plus long qu'il est coulé dans le bronze. Leurs deux mains libres se tendent vers un livre qu'un Amour d'or ouvre devant eux, et sur la page on lit : *Pour la vie.*

Pour la vie est la devise de tous les jeunes époux, quelle que soit leur condition. C'est la formule inévitablement murmurée par les fiancés, gouvernants ou gouvernés, puissants ou humbles, riches ou pauvres. Les uns l'ont vite oubliée ou désapprise. Les autres, à l'exemple de Philémon et Baucis, la chantent encore sur le déclin de leurs jours. Tout laisse prévoir qu'Alphonse XII la justifiera longtemps. Les journaux vous ont conté les prodromes de ce mariage rêvé ou plutôt résolu depuis si longtemps que, le lendemain de son avénement, le roi disait à son premier ministre :

— J'accepte tous les articles de la Constitution qu'il plaira aux Chambres de m'imposer. Je ne demande ma liberté pleine et entière que sur la question de mon mariage.

Le jeune prince a montré, dès le premier jour, que Talleyrand n'avait point songé à lui en écrivant « que l'amour, chez les souverains, c'est encore de la politique. » M. Canovas del Castillo a eu l'adresse de tout concilier. Après avoir couronné la tête de son prince, il a — comme dirait un librettiste d'opéra-comique — couronné sa flamme, et je signale sa louable supercherie à l'attention des ministres constitutionnels, qui ont à vaincre une opposition intraitable. Le président du conseil a dit à ses adversaires que le mariage du roi avec l'infante Mercedès ne lui plaisait point, qu'il était antipathique à la nation et qu'Alphonse XII lui-même, en quête d'une épouse, avait jeté les yeux vers le nord de l'Europe.

— Ah ! sire, vous ne vouliez pas de dona Mercedès, a dit l'opposition, eh bien, elle sera votre femme : nous l'exigerons, s'il le faut.

Le roi s'est — comme on sait — laissé faire cette douce violence, mais il a dû rire dans sa barbe (future) en apprenant le vote unanime des Chambres, approuvant son union avec celle qu'il s'était juré d'associer à ses destinées depuis près de six ans, avec ou sans approbation du gouvernement.

. . . .

. . . .

Depuis que ces lignes furent écrites. Mercedès est décédée et Alphonse XII a succombé — Tous deux ont été enlevés à leurs sujets contre toute prévision, et ravis par une mort cruelle, à la vie qui s'ouvrait heureuse et puissante. Ceux qui disent que les Rois et les Reines ne sont pas égaux au commun des hommes ne pensent pas à la grande niveleuse, à la Mort qui n'a qu'une mesure pour les petits et les grands : le cercueil !

LE

GRAND ÉTAT-MAJOR DU CRÉDIT FONCIER

M. CHRISTOPHLE

MM. LEGUAY, LEVÊQUE ET MÉLIODON

12.

LE

GRAND ÉTAT-MAJOR DU CRÉDIT FONCIER

M. CHRISTOPHLE

A tout seigneur tout honneur.

M. Christophle est le moteur principal, le grand ressort de cette monumentale horloge financière qui s'appelle le Crédit Foncier de France et dont le timbre d'or, depuis qu'il la gouverne, a déjà sonné une dizaine d'émissions retentissantes. La machine est compliquée; elle marquait l'heure un peu à la diable lorsqu'il a été préposé à sa direction. Il l'a nettoyée, rhabillée, huilée, réglée; il l'a mise en l'état où nous la voyons fonctionner. Il y a peu de personnes aujourd'hui qui en ignorent le mécanisme.

Les caisses du Crédit Foncier sont le réservoir intarissable, alimenté par les prêteurs, où les emprunteurs (simples particuliers, syndicats légalement autorisés, communes, départements), où l'Etat lui-même, dit-on, vient puiser des ressources pour le plus grand profit de l'intérêt privé ou public. Les obligations foncières sont la représentation adéquate des propriétés foncières par lesquelles elles sont gagées.

On a ainsi résolu ce problème, en apparence insoluble : mobiliser les immeubles, le sol, faire tenir une métairie dans son coffre-fort, une maison de six étages dans son portefeuille. C'est à ces opérations — fantastiques à première vue, mais au fond rigoureusement arithmétiques — que préside M. Christophle.

Le trait caractéristique de la physionomie et de l'attitude de M. Christophle est une bonhomie souriante ; mais il ne faudrait pas trop s'en prévaloir pour essayer d'en profiter, car c'est la bonhomie normande, et plus d'un, réputé parmi les habiles, s'est fié à la placidité de la surface, qui a été entraîné et mis à mal par les remous qu'elle dissimule. Eloge ou blâme, suivant le sens que l'on attache à ces qualifications, M. Christophle est par-dessus tout un esprit positif et pratique.

Je ne le vois pas bien, abordant en Angleterre avec ses ancêtres, à la suite de Guillaume le Conquérant et donnant de grands coups d'estoc et de taille; mais on aurait pu s'en rapporter à lui pour organiser la conquête à la satisfaction des vainqueurs et, qui sait? peut-être à celle des vaincus eux-mêmes.

Car il est ingénieux à tirer parti, à l'heure juste, des hommes, des choses et des circonstances. Voyez plutôt sa conception des bons à lots, si elle est arrivée à point! Des loteries avaient été organisées un peu partout et à propos de tout: loterie d'Alsace-Lorraine, loterie Coloniale, loterie de Toulon, de Nice, de Marseille... Trop de loteries pour une nation seule! Le public en était rassasié jusqu'au dégoût. Bien des causes y avaient contribué: exagération des frais, ajournements perpétuels des tirages... C'est en vain que l'on battait le rappel des preneurs de billets: il ne s'en présentait plus, et chaque coup de tambour coûtait les yeux de la tête, si bien que le niveau des sommes en caisse, au lieu de monter, descendait. Le gouvernement, qui avait autorisé un peu à la légère les entreprises en détresse, sentait sa responsabilité, au moins morale, engagée jusqu'à un certain point. Il fallait aviser.

La situation, qui semblait inextricable, se dénoua comme par enchantement, grâce à la création des bons à lots dont deux émissions successives n'ont pas épuisé le succès. 230,000 bons furent mis en souscription, et le même public qui répugnait à acheter un billet de vingt sous ne fit qu'une bouchée des titres qu'on lui offrait à cent francs. Il n'y en avait pas pour tout le monde : aussi étaient-il cotés immédiatement cent vingt francs. Enthousiasme raisonné, au fond. Les acheteurs se rendaient compte de la supériorité du bon à lots sur le billet de loterie proprement dit. Avec celui-ci, le capital versé, s'il n'est pas multiplié par un lot, est perdu, anéanti pour le détenteur ; avec le bon à lots, aucune perte de capital, recouvrement assuré, avec prime, de la somme déboursée ; enfin chances plus considérables de lots, résultant non plus d'un tirage unique et sans lendemain, mais de plus de cent tirages régulièrement espacés pendant 75 années. Ajoutez à ces avantages la certitude que les tirages seront effectués, les primes et lots payés à jour et à heure fixes. En effet — et ceci est la clef de la combinaison — le Crédit Foncier a prélevé avant tout, sur le produit de l'émission, la somme nécessaire pour assurer, par le jeu des intérêts composés, le remboursement des titres et le service des lots.

L'ouvrage avait trop bien réussi pour qu'il n'en fût pas tiré une seconde édition. Les ravages des sauterelles en Algérie en fournirent l'occasion. Pour venir en aide aux populations si cruellement éprouvées, une nouvelle émission a eu lieu le 7 août 1888.

La souscription, couverte plus de soixante fois, souleva de graves mécontentements... parmi ceux à qui le nombre limité des bons disponibles ne permettait pas d'en attribuer autant qu'il eussent voulu. Ce n'est que partie remise pour cette clientèle déçue ; le cas échéant, elle reviendra à la charge, comme les amateurs de théâtre qui s'acharnent d'autant plus à voir une pièce, qu'ils se sont dérangés à plusieurs reprises sans trouver de place au contrôle.

Et puis il y a ces lots, ces diables de lots, dont la fascination prestigieuse hante, obsède l'esprit le mieux équilibré et finit toujours par triompher de ses résistances — ces numéros cabalistiques qui peuvent d'un jour à l'autre, si le hasard se montre bon enfant, être monnayés en toutes sortes de plaisirs. Il s'établit entre la raison et la passion un dialogue dont le dernier mot reste invariablement à la passion.

— Si je prenais un bon, un tout petit bon ? dit l'un.

— Bah ! pourquoi faire ? répond l'autre.

— Pour avoir un lot.

— Il y a si peu de lots !

— Enfin, il faut que quelqu'un gagne.

— Il y a tant de quelqu'uns !

— Pourquoi ne serais-je pas le favorisé ?

— Parce que le calcul des probabilités...

— Vous avez raison; je prends un bon tout de même.

On croit généralement que les lots vont aux richards, aux grosses bourses. C'est une erreur que démontre l'expérience et aussi le raisonnement. Il est évident que de deux porteurs de titres, celui qui en a beaucoup a plus de chances de gain que celui qui n'en possède qu'un ou deux ; mais le nombre des petits capitalistes l'emporte tellement sur le nombre des gros, qu'il en résulte une supériorité écrasante au profit des premiers, pris en bloc, cela va sans dire. A l'un des derniers tirages des bons à lots, c'était un facteur, un facteur rural, un piéton qui, au retour de sa tournée, apprenait sa chance : cent mille francs, s'il vous plaît. Plus récemment encore un simple soldat d'infanterie de marine signifiait à l'administration du Crédit foncier qu'il avait « mis dans la cible ».

Et il faut voir comme ces nouvelles sont accueillies dans les bureaux ! Je n'irai pas jusqu'à affirmer que les employés — pour la plupart maniant beaucoup d'or, mais ne roulant pas dessus — ne préférassent que dame Fortune leur eût réservé ses faveurs; mais, du moment qu'ils en sont exclus, ils voient avec plaisir qu'elles sont allées aux humbles et aux modestes. « Cette fois, c'est bien tombé ! » telle est l'exclamation traditionnelle qui se propage de couloir en couloir, de guichet en guichet.

Si l'on n'avait pas abusé des physiologies, il y en aurait une bien curieuse à faire : la physiologie du gagnant, où l'on analyserait ses dires, faits et gestes ; les phases par lesquelles passe son esprit depuis le moment où il est informé que le gros lot lui est échu jusqu'au moment où il en touche le montant. La première sensation est la stupeur, l'incrédulité. La liste est-elle bien exacte? Il y a peut-être dans ce numéro flamboyant une faute d'impression, une interversion de chiffres. Doute bienfaisant qui atténue la secousse. Sur dix gagnants, il y en a neuf qui télégraphient à l'administration pour savoir au juste à quoi s'en tenir. Dieu sait avec quelle impatience fiévreuse ils doivent attendre la réponse officielle, la certitude authentique qu'ils viennent de passer instantanément de la gêne à une opulence relative !

Et quand elle arrive, cette réponse, quand ils l'ont dépliée d'une main tremblante, quand d'un œil avide ils ont lu : *Numéro indiqué exact,* ils ne seraient pas éloignés de jurer que le Crédit Foncier est un Dieu et que M. Christophle est son prophète.

Ne croyez pas que ces opérations intermittentes d'émissions soigneusement préparées, venant se greffer sur les opérations courantes du Crédit Foncier, présentent un aliment suffisant à l'activité de son gouverneur.

M. Christophle est député de l'Orne; il a été ministre des Travaux publics. Pour lui, le labyrinthe parlementaire n'a pas de secrets. Il en connait les coins et les recoins; nul ne s'entend mieux à déterminer le retrait d'une motion gênante ou l'adoption d'un ordre du jour favorable, savoir-faire qui trouve son emploi au Palais-Bourbon et ailleurs, dans une assemblée générale d'actionnaires, par exemple.

Ailleurs, nous retrouvons M. Christophle membre de la Commission de contrôle et de garantie de l'Exposition universelle de 1889 et président de la sous-commission des finances de cette même Exposition. Il y représente l'Association de garantie dont il est le promoteur et défend avec ténacité et avec esprit les intérêts dont il a la garde. Dans une séance de la Commission, au cours de laquelle M. Jacques proposait, au nom des principes démocratiques, de concéder des privilèges et des immunités, M. Christophle répondait doucement au conseiller municipal:

« Je supplie M. Jacques de disposer moins généreusement de l'argent des autres ».

Il y a quelque temps, on inaugurait l'Institut Pasteur. Dans cette solennité, en présence du Président de la République, des ministres, des ambassadeurs et des Académies, c'est M. Christophle qui, en sa qualité de trésorier du Comité chargé de centraliser au Crédit Foncier les fonds de la souscription et de les gérer, a rendu compte de la situation financière de l'Œuvre. Il l'a fait avec une élévation de paroles et de sentiments que ne semblait pas comporter le sujet, et il s'est trouvé qu'à la place de l'exposé de chiffres forcément un peu aride auquel elle s'attendait, l'assistance a applaudi un petit chef-d'œuvre d'humour, d'esprit et de véritable éloquence.

Rappelant que le terrain sur lequel ont surgi par enchantement les vastes bâtiments de l'Institut Pasteur était, il y a quelques mois à peine, un terrain vague, et que, pour opérer ce prodige, une fée avait dû passer par là : « Cette fée, a dit M. Christophle, c'est la générosité de tout le monde, c'est la souscription nationale. »

« Je conseillerais, ajoutait-il, à ceux qui ne voient l'humanité que sous un vilain jour, qui vont répétant que tout est pour le pire ici-bas, de jeter un coup d'œil sur les documents humains de l'Institut Pasteur : ils apprendront que l'on rencontre dans les Académies des confrères que non-seulement la gloire d'un autre n'offense pas, mais qui trouvent leur bonheur et mettent leur fierté dans cette gloire ; que les hommes politiques et les journalistes ont souvent la passion du bien ; que jamais à aucune époque les Français n'ont mieux aimé leurs grands hommes, qu'ils leur rendent justice dans ce monde — ce qui est encore la meilleure manière — que nous avons acclamé la fête de Victor Hugo, le centenaire de Chevreul et l'inauguration de l'Institut Pasteur. »

La bienveillance émue, la foi en l'humanité, dont ce passage est comme imprégné, ne sont pas pour M. Christophle un thème à variations littéraires, un étalage de sentiments demeurant à l'état platonique. Il sait leur donner une forme concrète et palpable. Le personnel sous ses ordres en a constamment ressenti les effets. Leur bien-être est l'objet de ses préoccupations, et — ce qui vaut mieux, comme il le disait tout à l'heure — de mesures efficaces. Il faut citer, dans cet ordre d'idées, la fondation, à Bagnoles, dans l'Orne, d'un établissement, à la fois hôtel et maison de santé, où les employés du Crédit Foncier, bien portants, malades ou convalescents, trouvent à des conditions singulièrement économiques le vivre, le logement et, s'il y a lieu, le traitement médical.

Les eaux sulfureuses et thermales de Bagnoles ont leur légende. On raconte que jadis un preux chevalier avait dû abandonner dans ces parages son destrier, le fidèle compagnon de sa gloire, mais qui, épuisé par les ans et par les fatigues, n'était plus en état de porter vers de nouvelles aventures son maître bardé de fer. En repassant, au bout de quelques mois, à l'endroit où il avait laissé avec tant de regret le pauvre cheval à demi mort, il le vit accourir vers lui, plus vigoureux, plus agile et le poil plus luisant que jamais. C'était l'effet des eaux de Bagnoles, dans lesquelles son instinct lui avait fait deviner une autre fontaine de Jovence.

Quoi qu'il en soit de cette légende, Bagnoles, qui était naguère encore un hameau perdu, est en passe, grâce à l'intervention de M. Christophle, de devenir une ville d'eaux importante. Elle présentera peut-être, dans un avenir prochain, ce singulier phénomène d'une petite colonie d'employés du Crédit Foncier vivant et dormant à bon marché au milieu d'un peuple de baigneurs pillés, rançonnés, saignés à blanc par les hôteliers, les restaurateurs et les médecins.

La maison, dite de convalescence, où sont également admis les employés en congé, est spacieuse et admirablement distribuée; elle s'élève, au bord d'une forêt de chênes et de sapins, sur une éminence d'où l'on découvre une vallée délicieuse, que les touristes appellent la Suisse normande. L'établissement a été inauguré au mois d'août dernier par un banquet auquel assistaient les gouverneurs, des membres du Conseil d'administration, des chefs de service et des employés. En réponse à plusieurs discours, M. Christophle portait le toast suivant à ses collaborateurs, même aux plus humbles et aux plus modestes :

« Je bois à vous tous, chers amis, et je vous souhaite prospérité, bonne humeur et le reste ! »

Si jamais vœux empreints d'une touchante cordialité ont été sincères et réciproques, ce fut ce jour-là !

MM. LEGUAY ET LÉVÊQUE

Au-dessous de M. Christophle, renfermés dans leurs attributions respectives, siègent deux sous-gouverneurs.

Si nous procédons par rang de taille, il nous faut parler d'abord de M. Le Guay. Il mesure, en effet, cinq pieds neuf pouces environ; membré, charpenté, empoitraillé à proportion; portant la tête haute, à faire croire qu'il tient à justifier cette assertion d'Ovide que Dieu, en créant l'homme, lui ordonna de regarder toujours le zénith.

On prétend, dans la pénombre des bureaux, que M. Le Guay, dans les temps, aurait été l'objet des offres les plus séduisantes de la part de colonels qui le rêvaient pour tambour-major. Mais la vocation n'y était pas. A cette situation hors ligne... dans la ligne, il préféra la situation de préfet. Grand chasseur devant l'Éternel, il était né pour la vie au grand air et pour les exercices violents. Ses subordonnés s'en aperçoivent, par ci par là, à leur dam ; il se rattrape sur eux de la sédentarité à laquelle ses fonctions le condamnent et qui est un fardeau presque intolérable pour une nature aussi exubérante. Gare alors à qui commet une maladresse ou une simple inadvertance ! Une semonce foudroyante est le juste prix de son forfait. Mais, si ses algarades sont vives, elles durent peu, et, comme disent les bonnes gens, le dos tourné, il n'y pense plus.

M. Le Guay est plus spécialement chargé de la partie financière de l'administration. C'est lui qui fait manœuvrer l'escadron volant des agents de change avec une précision toute militaire. Comme Bonaparte au sommet des Alpes, montrant du doigt les plaines de la Lombardie, il peut dire : « Tel jour, à telle heure, il y aura de l'argent répandu à tel endroit ».

C'est aussi à lui qu'est dévolu le soin de régler l'étiage de la caisse, de veiller à ce qu'il n'y ait dans les coffres ni surabondance, ni insuffisance; à ce que la provision en espèces permette toujours de faire face aux besoins du service sans jamais immobiliser un excès de fonds improductifs : besogne plus difficile et plus délicate qu'on ne pourrait le croire au premier abord, car elle demande une vigilance de tous les jours, de tous les instants. Il faut prévoir, en les évaluant au plus près, les dépenses et les recettes imminentes, assurées ou seulement probables, et tantôt déverser le trop-plein soit au Trésor, soit à la Banque, tantôt retirer de ces établissements de quoi rétablir le niveau normal.

Grand partisan d'une stricte économie, M. le sous-gouverneur Le Guay émet volontiers cet axiome : « Les centimes font les millions », et, à cheval sur ce principe, il fait la chasse aux centimes, mastiquant les fissures par lesquelles ils pourraient s'évader, les débusquant sans relâche des retraites où ils se sont terrés, jusqu'à ce qu'il les ait forcés et sonné l'hallali. Il n'en fait peut-être pas des millions — il en faudrait trop — mais il reconstitue ainsi des sommes appréciables sans compter le plaisir qu'il éprouve à donner à son précepte favori la sanction de son exemple.

Où M. Le Guay triomphe, c'est aux tirages d'obligations et de bons à lots, auxquels il préside à peu près exclusivement. Le buste renversé, les yeux dirigés vers le plafond vitré de la salle, il proclame d'une voix magistrale les numéros favorisés par le sort. S'il arrive — cela arrive toujours — que les administrateurs groupés derrière lui et causant entre eux viennent à élever un peu leur diapason, le nomenclateur se retourne et laisse tomber sur eux un regard empreint d'une telle sévérité que les perturbateurs terrifiés baissent la tête et se font petits, tout petits.

L'appel des numéros reprend alors, et les conversations aussi, jusqu'à ce qu'un *quos ego !...* formulé cette fois d'une façon énergique, réduise à néant toute velléité de désobéissance. Sur quoi, MM. les administrateurs se taisent jusqu'à la prochaine séance !!..

Le deuxième sous-gouverneur, ou, pour parler plus exactement, l'autre sous-gouverneur, car ils sont *ex æquo*, est M. Frédéric Lévêque. D'allure délibérée, le chapeau légèrement incliné sur l'oreille, il porte gaillardement les soixante-cinq années que lui attribue son acte de naissance. Pour tous ceux qui s'en rapportent, sur son âge, à la vivacité de sa démarche, à l'accent de sa physionomie, à la verdeur de son esprit, c'est une surprise que cette révélation d'un témoin incorruptible : l'état-civil.

Ce n'est pas, certes, que son existence ait été vide de labeurs, d'émotions, d'incidents et d'accidents. On relève notamment dans sa biographie un épisode dramatique en trois actes : sa capture par l'ennemi en 1870, son emprisonnement en Allemagne, son évasion.

M. Lévêque est né en Bourgogne, à quelques lieues de Dijon, ville de parlement, foyer littéraire et artistique aux dix-septième et dix-huitième siècles, qui a compté des enfants illustres, jurisconsultes, poètes, sculpteurs, musiciens, en assez grand nombre pour baptiser de leurs noms presque toutes ses rues. Soit influence du milieu et de la tradition, soit prédispositions innées, l'intelligence du sous-gouverneur du Crédit Foncier porte l'empreinte de ce double caractère de sa province natale.

Légiste consommé, il a l'esprit ouvert à toutes les choses de l'intelligence ; appliqué toute la journée à ses travaux parlementaires et administratifs, il s'en délasse le soir au milieu des écrivains et des artistes devant lesquels les portes de son salon s'ouvrent à deux battants, et qui trouvent là une hospitalité aussi facile que cordiale. Mme Lévêque, excellente musicienne elle-même, en fait les honneurs avec une grâce toute particulière. On y lit des vers, on y fait de la musique, sans pédantisme, sans parti pris d'écoles. On n'y disserte point, on y cause ; ce n'est ni une conférence, ni une académie, c'est un salon. On y vient sur la foi de ceux qui s'y plaisent, et on revient parce qu'on s'y est plu.

Le lendemain matin, à l'heure réglementaire, car c'est un laborieux et un assidu, M. Lévêque est rentré au Crédit Foncier, et l'hôte aimable a fait place au sous-gouverneur. Il ne s'agit plus de poésie, ni de chansons ; les Muses sont consignées à la porte de leur protecteur, redevenu fonctionnaire. Celui-ci, qui a dans ses attributions tout ce qui concerne les prêts hypothécaires ou communaux, promène l'œil du maître dans les moindres recoins de ce vaste domaine.

Il fait l'autopsie des dossiers, épluche les actes, scrute les rapports des inspecteurs; il met son amour-propre — et il réussit, à force de vigilance, de travail et d'attention — à ne soumettre au Conseil d'administration que des affaires complètement élucidées, où rien n'est laissé à l'imprévu, ne donnant prise à aucun risque. Sollicité d'autoriser une opération sur la sécurité de laquelle il lui restait quelque doute, il répondait : « L'affaire n'est pas sûre; il peut en résulter une perte de deux millions. C'est improbable tant que vous voudrez, mais il me suffit que ce soit possible. Or, si le Crédit Foncier venait à perdre deux millions par ma faute, je voudrais l'en rembourser, et comme mes moyens ne me le permettraient pas, je m'abstiens. »

Cette déclaration peint l'homme, dont l'intégrité proverbiale n'a jamais été effleurée de l'ombre d'un soupçon.

C'est lui aussi qui tranche en dernier ressort les questions importantes ou difficiles que le service du Contentieux ne veut pas prendre sur lui de résoudre.

M. Lévêque siège à la Chambre des députés depuis 1871 sans interruption ; le scrutin d'arrondissement et le scrutin de liste lui ont été également fidèles. Successivement député de l'arrondissement de Dijon, puis député de la Côte-d'Or, élu après la guerre en récompense de sa courageuse conduite pendant l'invasion, son mandat a été renouvelé de législature en législature ; il n'a pas cessé de plaire ; les suffrages persistants de ses concitoyens en ont fait un député inamovible.

Certaines gens qui voient du machiavélisme partout, ou qui veulent se poser eux-mêmes en petits Machiavels, insinuent que, si M. Lévêque siège fort avant à gauche, c'est par suite d'une entente avec M. Christophle et afin que le Crédit Foncier ait ainsi un pied dans chacun des deux groupes bien tranchés dont ils font partie.

Pour démontrer l'inanité de cette malveillante hypothèse, il suffit de constater que l'attitude politique du député de la Côte-d'Or n'a pas varié de l'épaisseur d'un cheveu depuis 1871, époque à laquelle il ne se doutait certes pas que sept ans plus tard il serait appelé au poste de sous-gouverneur du Crédit Foncier de France.

M. Lévêque, esclave de ses obligations parlementaires et professionnelles, ne fait que de rares infidélités soit à la Chambre, soit à son administration. Lui arrive-t-il de s'absenter, vous pouvez parier à coup sûr que c'est pour aller en plaine ou en bois. Car, ainsi que son collègue M. Le Guay, il aime passionnément la chasse. Il est, paraît-il, excellent tireur et fort sensible aux éloges que lui vaut ce talent.

A ce point de vue, il a dû accueillir avec enthousiasme l'avènement de M. Carnot à la Présidence de la République. Les familles Carnot et Lévêque, établies de vieille date dans le même pays, sont unies par une amitié qui se transmet de génération en génération et se perpétue entre leurs descendants.

Notre sous-gouverneur ne serait pas un Bourguignon complet, authentique, s'il n'était un peu vigneron. Aussi l'est-il beaucoup. Propriétaire de vignes d'une grande étendue, il les fait valoir lui-même. C'est pour son compte que le cep est en fleur, que le raisin mûrit, que la grappe est vendangée, foulée, puis mise sous le pressoir. C'est pour son compte ensuite que le vin est emmagasiné dans de vastes caves où circulent les voitures, ce vin généreux, vierge de tout mélange et de tout mouillage, qui fait les esprits pétillants et les cœurs intrépides, ce vin de France dont s'étaient fortifiés les braves de la Côte-d'Or qui, pendant l'année terrible, à côté de M. Lévêque et avec lui, combattaient pour la Patrie.

Dans l'état-major du Crédit Foncier, immédiatement après la trinité des gouverneurs, vient le secrétaire général, M. Méliodon.

M. MÉLIODON

Les noms ont leur physionomie. Celui-ci, venu de la Grèce, évoque dans l'esprit comme une vague réminiscence, quelque chose de doux, de mélodieux. Il prépare à l'impression que l'on ressent en présence de celui qui le porte. Sa figure est régulière, largement éclairée par de grands yeux noirs contrastant avec un teint mat, et où se peignent l'affabilité et la bienveillance.

La voix, un peu grave, mais bien timbrée, s'harmonise avec les traits du visage. Sous la morbidesse de l'attitude, de la démarche et des manières résident une force de volonté, une puissance de travail peu communes. Il semble que ce soit une tâche déjà assez lourde que de suppléer au besoin les trois gouverneurs dans leurs attributions multiples, d'avoir l'œil sur une correspondance se chiffrant par une moyenne de cinq à six cents lettres chaque jour, de diriger un personnel de 1,200 employés. Cette tâche que lui impose sa situation officielle n'est rien en comparaison de celle qu'il s'impose lui-même. Son activité d'esprit, toujours en ébullition, déborde de toutes parts hors de la sphère où elle se trouve trop à l'étroit. Il n'y a guère d'affaires, de projets d'affaires, de combinaisons financières, industrielles, commerciales, philanthropiques qui ne lui soient soumis, et pour lesquels son concours ou ses conseils ne soient sollicités. A côté de M. Christophle, dans la Commission de contrôle et de garantie, aussi bien que dans la sous-commission des finances de l'Exposition universelle de 1889, nous voyons M. Méliodon exercer les fonctions de secrétaire, fonctions parfois absorbantes bien que purement honorifiques.

Il suffit, d'ailleurs, de passer quelques instants

dans son cabinet pour se rendre compte de la multiplicité prodigieuse des occupations auxquelles il a à suffire et auxquelles il suffit. Il est là, à son bureau, occupé à écrire une lettre, à minuter un traité, à rédiger le procès-verbal de la dernière séance d'une Commission quelconque. Entre Feuillat, son huissier, type curieux du garçon de bureau vieilli sous le harnais à boutons d'argent, marchant à pas comptés, parlant à mots scandés, flegmatique à faire bouillonner d'impatience un Hollandais — Feuillat, donc, met sous les yeux de Mon-sieur le Se-cré-tai-re gé-né-ral les cartes de nombreuses personnes réunies dans la pièce d'attente. M. Méliodon, sans cesser d'écrire, y jette un coup d'œil, fait son choix et dit : « Introduisez monsieur un tel ». Monsieur un tel entre et expose l'objet de sa visite. La conversation s'engage, lorsque Feuillat, entrebâillant lentement la porte, prévient Mon-sieur le Se-cré-tai-re gé-né-ral qu'on le demande au té-lé-pho-ne. Bien avant que le fidèle huissier ait fini cette phrase interminable dans sa bouche, M. Méliodon est au téléphone installé dans son bureau même.

On entend alors les lambeaux décousus d'un dialogue dont on ne saisit pas le sens et qui produisent l'effet bizarre d'un duo dont on supprimerait une des parties : « — Soit. — Sous toutes réserves. — Bien. — Peut-être. — Oui. » Cela suffit : une affaire a été engagée, un rendez-vous important a été accepté. M. Méliodon quitte le téléphone, et, revenant à son interlocuteur, il reprend l'entretien au point précis où il l'a laissé; puis, le visiteur expédié, — de sa plume qu'il n'a pas quittée — il achève la phrase restée en suspens.

Ce besoin d'action sans trêve ni relâche se manifeste jusque dans la manière dont il emploie ses vacances. Il est généralement admis qu'un congé est un temps de repos, une halte entre deux étapes. Aussitôt libre, M. Méliodon, lui, boucle sa malle et va faire un tour à Constantinople ou à Vienne. L'année dernière, il allait à Saint-Pétersbourg, et faisait, pour revenir, « un petit crochet par Moscou ».

Certes, du haut en bas de l'administration, depuis le chef de division jusqu'au simple expéditionnaire, tous ses collaborateurs rendent justice à ses hautes facultés, à la souplesee et à la vigueur de son intelligence; mais ce qu'ils admirent par-dessus tout en lui, c'est la bonté de son cœur. On sait qu'il ne s'est pas seulement associé avec empressement aux mesures bienveillantes dont le personnel a été l'objet de la part de M. Christophle, mais qu'il les a en partie provoquées. On voit qu'il a pour les plus humbles et les plus modestes de ses collaborateurs des égards presque fraternels, d'autant plus méritoires aux yeux de qui connaît la nature humaine, que lui-même a occupé, tout en bas de l'échelle administrative, une place infime d'où son mérite devait le faire rapidement monter à la brillante situation qu'il occupe aujourd'hui.

PAUL BERT

PAUL BERT

La France a sa marotte : la politique! Et qu'elle soit intérieure ou coloniale, elle lui coûte gros, sous tous les rapports. C'est — comme l'a écrit feu Roqueplan — sa lorette. Sans la politique, nous dicterions encore des lois à l'Europe, et notre suprématie aurait de plus larges expressions que nos cravates et nos opérettes universellement appréciées. Sans la politique, notre Sorbonne et notre Collège de France seraient des sources où le monde scientifique viendrait s'abreuver — comme dans une oasis privilégiée dont l'onde jouit de vertus particulièrement efficaces. Mais depuis bien longtemps le vent qui vient « à travers la Montagne » a plongé dans un affolement spécial le cerveau de nos jeunes savants. Il en est qui ont résisté : c'est l'exception. La plupart ont, à un moment donné, subi les atteintes du vertige fatal, et déserté bureau, chaire et laboratoire, pour des sièges dans les Parlements ou des portefeuilles dans les ministères. Adieu les recherches, les inventions, les perfectionnements et les progrès! Et de même que nous mangeons à cette heure du pain pétri avec des farines étrangères, nous profitons des découvertes importées... Nous sommes les parasites de ceux que nous nourrissions jadis!

Paul Bert est un exemple frappant de la *malaria* régnante. Mettant de côté dans cette étude la politique qui lui a coûté la vie, j'entends essayer de montrer que sa mort a été une perte sérieuse en ce sens que, dégoûté peut-être un jour de l'exercice des fonctions publiques, saturé des honneurs rendus aux grands personnages et dédaigneux des appointements servis aux charges importantes, il aurait repris le cours de ses travaux négligés — sinon délaissés complètement.

*
* *

Si j'ai la persuaison que, dans un siècle, nul ne parlera du résident général du Tonkin, j'ai, par contre, la conviction qu'on rendra toujours hommage à celui qui a, non pas trouvé le chloroforme, mais supprimé absolument les dangers de son usage. Les accidents sont rares, grâce à la sagesse et aux précautions de ceux qui administrent cet anesthésique, mais ils sont encore trop fréquents, et tous ne parviennent pas à la connaissance du public. Paul Bert a démontré que les vapeurs du chloroforme, mélangées à l'air dans une proportion déterminée, produisent une insensibilité complète que l'on peut prolonger aussi longtemps que l'on veut sans faire courir le moindre risque à l'existence du patient. Et il a imaginé un appareil à l'aide duquel on tient un malade endormi *pendant des journées entières*. Point n'est besoin de faire ressortir les avantages d'un tel instrument. Le seul reproche qu'il encourt, c'est d'être volumineux et d'effrayer les gens que la vue d'un orgue de barbarie, dont il a l'apparence, terrifie et rend rétifs aux opérations. Un élève du maître est en train de réduire les proportions de cette boîte formidable. Assurément, dans un prochain avenir, nous aurons, chacun, chez nous, un coffre mignon qui nous plongera, à volonté, dans un sommeil exquis d'où nulle douleur ne pourra nous tirer. Sans parler des sourires qu'on opposera désormais aux cruautés du bistouri, quelle ressource pour ceux que leur profession oblige à ouïr la lecture de mauvaises pièces et de manuscrits ennuyeux ! Quelle échappatoire adorable pour ceux qui voudront se dérober aux criailleries de leur belle-mère ou aux invectives de leurs créanciers !

On peut classer dans le même ordre de bienfaits la découverte de Paul Bert, à propos du protoxyde d'azote — autre anesthésique dangereux et fertile en mésaventures. Ce gaz, ainsi que l'a déclaré le jeune savant, aspiré sous une haute pression atmosphérique, devient radicalement inoffensif. Aussi avait-il organisé une vaste cloche sous laquelle pouvaient agir le chirurgien, ses aides — et le malade, bien entendu. Après avoir accumulé de l'air dans le récipient, on gorgeait de protoxyde d'azote les poumons du sujet, qui tombait immédiatement dans un état de torpeur — grâce auquel on lui tailladait les chairs à loisir, sans craindre une asphyxie généralement mortelle. La même critique qu'à l'appareil à chloroforme peut être adressée à cette chambre d'un établissement coûteux et difficile — mais ce qui domine ces imperfections aisément surmontables, c'est le principe définitif de l'obtention de l'anesthésie d'une durée indéfinie et d'une sécurité entière...

* * *

J'ai dit que Paul Bert a spécialement étudié la pression atmosphérique, ses propriétés, ses vertus, ses écueils. Grâce à ses travaux et à ses procédés, les ouvriers des cloches à plongeur ne succombent plus en revenant à l'air libre et les aéronautes peuvent s'élever dans l'éther sans être foudroyés par l'absence d'oxygène. Si Crocé et Spinelli ont si malheureusement péri, c'est, ainsi qu'on l'a su, parce que leurs mains, subitement paralysées, n'ont pu saisir le tube de sauvetage ajusté au réservoir d'oxygène accroché au flanc du ballon.

Et la greffe animale!

On ignore que Paul Bert a, le premier, greffé une souris sur le dos d'un chat et que ces deux animaux — si peu nés pour un commerce aussi intime — ont vécu ensemble soudés l'un à l'autre, vivant de la même pâtée, subissant les mêmes impressions. Je veux dire que si l'on faisait prendre un purgatif au chat... la souris avait aussi la colique. Comme application du principe, le docteur Bert enlevait des ulcères à dévastations profondes, sur des malades, et remplaçait leurs chairs désorganisées et pourries par des portions de muscles et d'épidermes sains qui reprenaient parfaitement, quoique recueillies sur d'autres parties de leur corps et même prélevées sur des individus de bonne volonté.

Paul Bert, vivisecteur inhumain et farouche, torturant des animaux du matin au soir, est une légende à détruire. Aucun physiologiste n'a moins « viviseoté » que lui. Donc, on se trompe étrangement en lui adressant des reproches quc méritent les Magendie, les Flourens et les Claude Bernard, — en admettant que la vie de quelques chiens soit plus précieuse que celle de plusieurs millions d'êtres humains. Si l'on excepte les expériences qui l'ont amené à faire marcher des poules sur des pattes de canard et des bassets sur des jambes de terre-neuve, l'ingénieux physiologiste portait de préférence ses investigations sur un terrain moins sanguinaire. C'est ainsi qu'il a découvert le secret des mouvements de la sensitive — cette plante bien élevée — dont des spécimens devraient être exposés, en manière de leçon, dans toutes les salles de bals publics et même privés. D'après son exemple, les femmes apprendraient à protester dans les cas scabreux par une retraite significative. Or, grâce à Paul Bert, on connaît aujourd'hui le pourquoi des pudeurs de ce gracieux végétal qui possède, sur chacun de ses rameaux, des organes que la sève de la plante alimente par moments. Dans le premier cas — c'est-à-dire à l'état libre et respecté — le nœud supérieur se gorge de liquide et détermine par cet afflux l'épanouissement des feuilles. Dans le second —dans le cas d'un contact étranger — ce nœud se vide, et son contenu envahissant le nœud inférieur, occasionne le repli sur elles-mêmes des feuilles scandalisées.

*
* *

Je me souviens d'autres expériences qui dénotent, chez le regretté physiologiste, un esprit d'investigation fort remarquable et une ingéniosité très personnelle. Ces expériences ont trait à l'action de la lumière sur les nerfs de la peau. Paul Bert prenait un caméléon et prouvait que, de par le rôle des nerfs spéciaux qu'on nomme « chromatophores », sa peau est un véritable papier photographique — vélin extra-sensible sur lequel la lumière, distribuée par la main de l'homme, peut tracer des lettres, des images, etc. Ainsi, il enveloppait un lézard d'un linge criblé de trous et l'exposait au soleil. Quelques heures après, il débarrassait le lézard de son paletot : l'épiderme de la bête apparaissait tigré. Les portions soustraites à l'action solaire avaient gardé leur nuance ; les autres — celles correspondantes aux trous — avaient pris une teinte noire. On m'a conté que, le 16 mai, M. Paul Bert avait, par ce procédé, décoré du portrait d'un illustre soldat un énorme caméléon qu'il avait reçu d'Amérique, la veille. Voilà encore une invention féconde en applications de toutes sortes. Vous êtes dans le monde et vous remettez — sans avoir l'air de rien — un lézard à une dame prévenue à l'avance qu'elle lira sur son dos le jour et l'heure d'un rendez-vous d'amour. Quoi de plus pratique ? Une lettre s'égare, se retrouve et compromet — tandis qu'un lézard se sauve et parvient toujours à échapper à la main du mari le plus vif et le plus soupçonneux.

Pour redevenir sérieux, je veux mentionner les découvertes de Paul Bert sur la coloration de la robe de certains poissons... La sole, le turbot et leurs similaires prennent à la longue le ton des surfaces sur lesquelles ils se placent. En maintenant une sole dans une cuve d'eau de mer sur une plaque de marbre noir, elle devient noire. Si l'on ajuste deux plaques de marbre, l'une rouge et l'autre verte, et que l'on applique cette sole de telle façon qu'elle repose, moitié sur l'une moitié sur l'autre, elle devient rouge et verte, et rappelle, par son costume, les pourpoints « mi-partie » qui distinguent les figurants de la Porte-Saint-Martin, dans la *Tour de Nesle.*

Le piquant de cette coloration par procuration, c'est qu'elle cesse d'être réalisable si l'on coupe, à la base du cerveau, les nerfs chromatophores de la limande ou du carrelet employés pour l'expérience. Certes, on ne voit pas au premier abord l'utilité de ces découvertes, mais il ne faut pas oublier que le physiologiste s'adresse préalablement aux bêtes pour s'occuper ensuite des vertébrés de mon espèce et de la vôtre. Alors seulement, on apprécie les bienfaits de ces recherches — qui ont, presque toujours, leur heureux contre-coup sur la thérapeutique. Qui dit que l'étude des nerfs chromatophores n'amènera point un jour la guérison des maladies de peau — ces affections affreuses, terreur de tant de femmes — ou ne permettra pas de donner aux épidermes rudes et velus la douceur du satin et l'éclat de la neige — souhait de ces mêmes femmes?

EDOUARD PAILLERON

EDOUARD PAILLERON

Le lundi quatre avril 1881, à la Comédie Française, le public s'entendait dire :

« Mesdames et Messieurs, la pièce que nous » avons eu l'honneur de représenter devant » vous est de monsieur Edouard Pailleron. »

La pièce s'appelait *Le Monde où l'on s'ennuie.*

Autrefois, le public se contentait d'entendre le nom de l'auteur, — nom qu'il retenait tout au plus, — puis il s'allait coucher tranquillement.

Aujourd'hui, le temps, à défaut des mœurs, a bien changé.

On est devenu curieux, voire même indiscret.

Les plus indifférents éprouvent un besoin impérieux de connaître dans le détail de sa vie.

de son caractère, de ses mœurs, de ses goûts, de ses habitudes, l'homme qu'une production littéraire vient de mettre en lumière.

Est-il blond ? Est-il brun ? Habite-t-il une soupente ou un cottage ? Joue-t-il le bezigue chinois ou préfère-t-il le tric-trac ?

Pourquoi hésiterai-je à servir le goût, en somme bien naturel, du public d'aujourd'hui, puisque cela me fournit la plus agréable occasion, celle de « pourtraicturer » le triomphateur des *Faux ménages*, de *l'Age ingrat*, de *l'Etincelle*.

Edouard Pailleron est venu au monde avec de l'esprit et de l'argent — c'est-à-dire avec deux avantages qui, réunis chez un même individu, lui attirent mille déceptions. Se faire sacrer artiste quand on est millionnaire est une tâche devant laquelle Hercule (qui n'était pourtant pas facile à décourager) eût reculé comme une simple femmelette.

Pour arriver, les auteurs riches doivent déployer une patience et une opiniâtreté sans relâches.

En effet, ils ont beau prouver des facultés exceptionnelles et signer des pages magistrales, ils restent d' « aimables amateurs ». On traite leurs efforts de « marotte », et leurs travaux de « passe-temps ». Sans parler des envieux de brasseries — toujours enclins à livrer la bataille de ceux qui ne se lavent pas contre ceux qui se lavent, — les gens du métier eux-mêmes hésitent à traiter de confrère un gentleman qui a, dès ses débuts, pignon sur rue... Et la foule, emboîtant le pas, refuse à ces infortunés (fortunés) les hommages qu'elle accorde — difficilement d'ailleurs — aux aptitudes besogneuses et au mérite indigent. Cette bizarrerie de l'opinion publique me rappelle le détracteur de Chateaubriand qui reprochait à l'auteur d'*Atala* « le hideux accouplement des rentes et du génie. »

* * *

Pailleron, moins avisé, n'a pas plus caché son bien-être que son talent. De là, les lenteurs de sa notoriété et les épines de ses premières couronnes. Et pourtant, à l'âge où les jouissances matérielles paralysent les aspirations et engluent la volonté, il était possédé d'appétits propres aux natures d'élite et aux cervaux robustes. Ennemi de l'oisiveté, il entre à dix-huit ans chez un notaire qui avait pour « principal » M. Templier, le chef actuel de la maison Hachette. Là, il noircit du papier timbré et entasse des dossiers avec la conscience d'un saute-ruisseau.

De ses corvées judiciaires il tire des enseignements. Le futur auteur observe déjà les caractères et note les situations. Sa première expédition a lieu chez un mort dont son patron ouvre le testament. Les parents mécontents de leurs legs respectifs s'accablent d'injures. Deux beaux-frères s'administrent des giffles, et Pailleron, qui veut les séparer, reçoit dans la bagarre des coups de poings qui ne faisaient pas partie de la succession.

Plus tard, il tire au sort et amène un mauvais numéro. Tout autre eût puisé dans son secrétaire le prix d'un remplaçant. Lui, il part. Le voilà dragon à Beauvais — cavalier modèle, comme s'il visait le bâton de maréchal et, malgré son zèle de soldat, rimant entre deux chevauchées à la façon de Gentil Bernard... Boileau cherchait ses rimes au coin d'un bois. C'est au pansage qu'il médite les siennes. Et durant les heures poudreuses des cavalcades militaires, ce n'est pas Coco qui le porte, c'est Pégase — la monture d'Apollon !

Ai-je mentionné que Pailleron est beau garçon ?... Je n'insisterai pas sur ce point, car rien ne gêne plus un homme qu'un joli visage (à ce qu'on m'a dit). Je me contenterai de constater que Pailleron est bien de sa personne et fait excuser ses avantages physiques par une mâle tournure et un air intelligent. Il joint à ces dons naturels un maintien correct et une humeur affable qu'il tient à égale distance de la froideur et de l'abandon.

De fatuité, pas l'ombre. Jamais il ne vous entretiendra de ses travaux. Nul ne peut lui reprocher d'avoir subi, par avance, le plan de ses pièces ou les strophes de ses sonnets. Il conçoit dans l'isolement et accouche en silence : ses « enfants » se chargent de crier pour lui.

*
* *

Habent sua fata libelli! Les maisons aussi ont leurs destinées. L'hôtel où a longtemps demeuré Pailleron est la construction d'aspect imposant qui porte, quai Malaquais, le numéro 17. Ce palais, bâti sous Louis XIV, et que les Beaux Arts viennent d'ajouter à leurs constructions de la rue Bonaparte — ce palais fut, je crois, le siège de la préfecture de police, pendant le règne de son successeur. C'est dire l'importance de l'édifice. C'est indiquer en même temps la qualité de ses derniers locataires — tous riches comme il convient aux habitants d'un logis haut de six mètres et décoré dans le goût d'une grande époque. L'architecture large et puissante des bâtisses contemporaines du Roi-Soleil, se révèle jusque dans les caves, qui ont cette particularité de défier les inondations, grâce à des ciments et à des enduits dont la maçonnerie moderne a perdu le secret.

Le prince de Chimay, Mme veuve Singer et le docteur Charcot se partageaient avec l'auteur de l'*Etincelle* cette demeure seigneuriale. Il existait entre les êtres groupés sous ce toit deux fois séculaire un lien commun : je veux parler d'une égale recherche de fréquentations intelligentes. En sorte que le visiteur de celui-là pouvait se tromper de porte... De toutes façons il pénétrait chez un ami.

Chacun connaît les réceptions du prince de Chimay — réceptions où se fondent, en une assemblée d'élite, le meilleur et le « fameux » de toutes les aristocraties parisiennes. La princesse, artiste jusqu'au bout des doigts (surtout au bout des doigts !), fait les honneurs de ses soirées avec la grâce et l'esprit d'une fille des Tallien et montre les cires, supérieurement modelées par ses mains, avec la simplicité d'une bourgeoise qui découvrirait son métier à tapisserie.

Qui ne se souvient du regretté Alexandre Singer — un financier qui sembla ne désirer la fortune que pour recevoir fastueusement quiconque, en ces temps derniers, avait acquis du renom dans la pratique des arts et le culte des lettres. Secondé par une femme d'une rare érudition et d'une inaltérable bonté, M. Singer avait quasiment fait de son intérieur une succursale de l'Institut. Plus d'un s'est entendu dire, chez lui, par des confrères déjà immortels qu'il serait Marcellus, et plus d'un a réalisé dans l'art, dans la politique ou dans la littérature, ces flatteuses prédictions. La vie de ce salon légendaire s'en est allée avec le maître, mais son âme subsiste avec sa femme dont l'existence silencieuse et retirée me commande de passer outre après cet hommage concis.

En ce qui concerne le docteur Charcot, installé dans l'aile gauche, il serait oiseux de rappeler que cet illustre professeur a pour spécialité la thérapeutique des maladies nerveuses. A ce titre, il entendait souvent sonner à sa porte des familiers du prince de Chimay, de Mme Singer ou d'Edouard Pailleron. Car il est avéré que la névrose s'abat volontiers sur les artistes... Les milieux surchauffés où se complaisent les imaginations fiévreuses, la recherche continuelle du beau et le contact incessant des caresses et des séductions des sens, engendrent des ébranlements qui jettent, à la fin, les plus solides organismes dans les bras de l'insomnie, de l'hypocondrie et d'autres troubles relevant des douches et du bromure de potassium.

Le lecteur comprendra donc facilement que les amis de Pailleron — tous penseurs, travailleurs et viveurs (dans la plus enviable acception du mot) — faisaient parfois d'une pierre deux coups et demandaient une consultation au docteur Charcot avant de s'asseoir à la table de son voisin.

*
* *

Les dîners de Pailleron — qui se continuent dans son nouvel appartement du quai d'Orsay — ont lieu tous les lundis. La liste des élus conviés à ces agapes hebdomadaires — par séries où tous les genres sont représentés — ne compte pas moins de cent trente noms appartenant à l'Académie, au journalisme, au théâtre, à la peinture, à la sculpture, à la magistrature, à la médecine, etc. Cette nomenclature est un chapelet d'illustrations dont quelques grains, hélas ! ont disparu. Où sont Beulé, Fromentin, Amédée Achard, Edouard Fournier, Cham, etc., etc?

Très bien compris les menus de la maison. Pour les estomacs capricieux, il y a des mets en dehors, tels que la bouillabaisse provençale, le couscoussou arabe, le carri indien, et souvent aussi certains ragouts démocratiques que de sottes conventions condamnent à figurer au déjeuner. Les délicats, eux, ont — pour apaiser leur fringale — des plats succulents qui trahissent la science d'un prince du fourneau. C'est en savourant ces perfections culinaires que s'échangent les réparties et les bons mots dont les feuilles boulevardières se pourlèchent le lendemain. Jamais de femmes à ces ripailles amusantes. Aussi, pas de contrainte. La plaisanterie profite de l'absence des corsets pour ôter le sien et s'étaler, primesautière et hardie, dans un abandon gaulois. L'éclectisme qui préside à l'ordonnance des festins se retrouve dans les opinions politiques des consommateurs. Partant, jamais de discussions. Si un désaccord survient entre deux orateurs, l'innocente saillie d'un tiers l'étouffe avant qu'il dégénère en dispute, et le débat se résume en un éclat de rire général. Je ne sais quel convive s'avisa un jour de déverser sa fureur contre Zola dans le sein de son voisin, un garçon silencieux, qui accueillit ses confidences avec un froid marqué et répondit aux attaques anti-naturalistes par des « peut-être » des « ça dépend des idées » et des « il en faut pour tous les goûts » qui déconcertèrent l'assiégeant.

— Je crois, dit ce dernier à Pailleron, que

mon voisin ne partage pas mes idées sur Zola.

— Dame, c'est son éditeur.

Tableau !

Ces épisodes sont d'ailleurs assez rares et la pluie des nouvelles à la main n'en continue pas moins à tomber drue et désopilante.

— Vous connaissez le député X..., dit l'un. Il a fait un volume de vers intitulé *Perles*.

— Quand donc ?

— En 1850.

— Alors il s'est refermé depuis ?

Ou bien :

— La conversation de Z... pétille de bêtise !

— Avez-vous vu la *Source*, d'Ingres, depuis qu'elle est au Louvre ? Ah ! que c'est bien le tableau d'un maître dont le valet de chambre disait aux visiteurs : « On n'entre pas dans l'atelier. Monsieur est en ce moment dans le froid de la composition. »

C'est encore un déluge de pensées, de proverbes, formulés avec humour :

« Méfiez-vous des brunes, prenez garde aux blondes et fuyez les autres. »

« On devient vraiment trop difficile en fait de musique !... L'opéra de Y... n'a pas réussi, et pourtant il est plein de choses médiocres. »

A. Arago se distingue parmi les plus écoutés.

Sa fantaisie et sa mimique ne lassent jamais — soit qu'il imite le maréchal Soult à la Chambre, soit qu'il raconte l'employé du ministère de la justice qui, botaniste durant ses loisirs, a rédigé « la flore de la Place Vendôme. » L'inimitable anecdotier tient toujours son auditoire dans les convulsions du fou rire... et les maîtres d'hôtel, gagnés par le délire général, vous renversent dans le dos le jus des filets et le sirop des compotes !

* * *

La froide ordonnance de la salle à manger est savamment corrigée par le papillottage de ses tentures de soie japonaise et la garniture de ses buffets surchargés de trouvailles uniques. Quatre lanternes Louis XIV, montées sur des hampes de hallebardes, plantent aux coins de la pièce l'effet décoratif de leur profil. Aux panneaux, des petits moucharabiés égyptiens, d'où quelques odalisques minuscules contemplent, de leurs yeux d'émail, le superbe appétit du plus grand nombre. On s'assemble, avant de gagner le couvert, dans le Boudoir-Divan, bazar international où s'accrochent, s'entassent, se cramponnent et s'étalent, en un pêle-mêle éblouissant, tout ce que le goût des peuples sublunaires a enfanté de bibelots pittoresques et colorés. Des fusils, démontés dans leurs écrins, révèlent que l'on est chez un fils de Saint-Hubert. Ils ne m'apprennent rien, car je suis souvent le compagnon de Pailleron à la chasse.

Le salon — si vaste qu'un bohême disait, après l'avoir mesuré, qu'il y réunirait *presque* tous ses créanciers, — le salon a l'envergure d'une salle d'exposition. En dépit des toiles de maîtres, des statues, des bustes, des meubles énormes qui s'efforcent de cacher sa gigantesque nudité, on y subit la grave impression des nefs sonores. Un vrai voyage, que le tour de ce hall ! — voyage qui se recommande par le point de vue des fenêtres. Quai Malaquais, les baies, grandes comme des portes cochères, s'ouvraient sur la cour de l'École des Beaux-Arts et dominaient absolument le côté où l'administration de M. Guillaume a entassé des antiques, des colonnes et des épaves de la Renaissance. C'est par un clair de lune —*per amica silentia lunæ* — que j'ai contemplé cette trouée italienne. Le flambeau des nuits jetait ses pâleurs crues sur les marbres immobiles et noyait dans une ombre fine et cendrée les ruines d'un cloître florentin... Je ne saurais rendre les suaves impressions et les surprises délicieuses de ce décor inattendu.

On pense être au bord du Tibre et la Seine coule à deux pas ! Je n'avais pas d'ailleurs les loisirs de rêvasser. Le billard me réclamait par la voix d'Alexandre Dumas.

Pailleron avait eu l'ingénieuse idée d'isoler, à l'étage supérieur, son cabinet de travail et son billard, en sorte qu'en gravissant quelques marches, on atteignait un milieu moins opulent peut-être mais aussi confortable. C'est là que le café, les liqueurs et tout ce qui se fume, depuis la cigarette jusqu'à la racine de bruyère, régnaient pendant toute la soirée. La fumée du tabac jetait, dans l'espace, un nuage parfumé — tout juste assez épais pour laisser croire aux convives qu'ils digéraient en plein olympe et étaient demi-dieux pour le moins ! Etendue sur les divans, la galerie, joyeuse et repue, assistait au tournoi des amateurs de carambolage et regardait couler les billes. C'est sur ce champ de bataille que j'eus l'honneur de battre l'auteur du *Demi-Monde*, et comme il est dit que celui-là triomphe même dans la défaite, il mit les rieurs de son côté, en s'écriant :

— Je lui ai laissé gagner la partie... il aurait éreinté mes pièces !...

Aujourd'hui, dans son logis du quai d'Orsay, le billard de Pailleron est de plain-pied avec l'appartement et les salons donnent — par dessus le fleuve — sur les Tuileries — horizon moins artistique que l'ancien, mais plus vivant et plus pittoresque.

Lorsque j'ai su Pailleron en travail de conception, j'ai souvent, mais en vain, essayé de tirer de lui quelques révélations piquantes sur son œuvre future. Mais il resta toujours boutonné jusqu'aux narines.

— Il paraît, lui disais-je, à propos du *Monde où l'on s'ennuie* qu'il était en train de finir — il paraît qu'il y a des personnalités dans votre machine ?

— Pas une ! mais on en trouvera puisqu'on en a trouvé déjà !

— Et c'est neuf ?

— De la comédie et rien que de la comédie. Si ce n'est pas neuf — c'est nouveau !

— Original le sujet ?

— Au point que ça m'inquiète : ni adultère, ni viol, ni reconnaissance d'enfant, ni éreintement de la société...

— Mais c'est hardi ?

— Je crois bien ! Pas une audace !

— Très « intrigué » alors ?

— Comme du Berquin et ça finit par deux mariages.

— Ah ! mais, prenez garde, mon cher !... Depuis le temps qu'on en parle !... Si vous n'avez pas fait un chef-d'œuvre...

— Un chef-d'œuvre est une pièce qui se joue depuis cent ans. Impossible de vous livrer ça fin courant.

— Enfin, vous êtes content? Vous trouvez votre comédie bonne?

— Ce point regarde le public. L'auteur est comme l'ouvrier des Gobelins — il ne voit pas sa besogne, il travaille derrière sa toile.

Confessez donc un monsieur qui ne veut pas parler de ses péchés! Je m'en allais, de guerre lasse, quand notre ami Lavoix, présent à l'entretien, me dit :

— Voulez-vous une des plus jolies répliques de sa pièce?

— Parbleu!

— A un moment donné, quelqu'un s'écrie : « Monsieur un tel change d'opinion comme de chemise » ; ce à quoi un autre personnage répond : « Eh! eh! changer d'opinion, c'est quelquefois aussi de la propreté. »

— Le mot, hasardai-je, me paraît vif pour le théâtre...

— Si vif qu'il a été supprimé aux dernières répétitions!

UNE LETTRE

D'ALEXANDRE DUMAS

UNE LETTRE D'ALEXANDRE DUMAS

J'avais écrit, à M. Alexandre Dumas fils, au moment des dernières répétitions de *Francine*, dont on s'occupait fort.

Il me répondit par la lettre suivante :

« Merci, mon cher Marx, de la discrétion que
» que vous me promettez. Lorsqu'un journal
» publie des comptes rendus préventifs de mes
» pièces, je ne les reconnais que difficilement
» aux traits qu'on leur prête. Je ne réponds
» rien parce qu'il n'y a rien à répondre. Les
» bavardages de certains reporters résultant
» d'une soi-disant curiosité du public — curio-
» sité qui n'existe pas — ont tellement passé
» dans nos mœurs qu'il n'y a plus à les com-
» battre. En réalité, le public se soucie du sujet

» de nos pièces comme du Grand Turc, et il a » bien raison. Le sujet n'est rien au théâtre ; la » façon de le traiter est tout. Si l'on y regardait » de près, le plagiat est constant. L'*Hamlet*, de » Shakespeare, n'est autre chose que l'*Orestie*, » d'Eschyle ; le *Barbier de Séville*, de Beau- » marchais, n'est pas autre chose que l'*École* » *des Femmes*, de Molière. On imite toujours » quelqu'un du moment qu'on dit quelque » chose. « C'est imiter quelqu'un que de planter » des choux », a dit Musset, et je pourrais ajou- » ter, comme lui, en ce qui me concerne : « Mon » verre n'est pas grand, mais je bois dans mon » verre. » Si l'on a quelque chose à me repro- » cher, ce n'est pas d'avoir pris quoi que ce soit » à qui que ce soit. Que je trouve dans un livre » une idée intéressante à traiter sur la scène, je » demanderai tout bonnement à l'auteur de me » la laisser prendre.

» S'il était possible d'en finir avec une sottise » (et surtout avec une sottise que nombre de » gens ont intérêt à faire circuler), nous en fini- » rions tout de suite avec les ressemblances en » littérature et en art. Parce que Giotto a fait » une descente de croix au quatorzième siècle, » était-il donc interdit à tous les peintres du » même siècle et des siècles suivants de traiter » le même sujet? Véronèse, Tintoret, Rubens,

» Lebrun, Delacroix, Doré — pour ne citer que » ceux-là à des époques différentes — sont-ils » donc des plagiaires ? Quand mon père a écrit » *Charles VII,* il a refait *Andromaque ;* quand » j'ai écrit la *Dame aux Camélias,* j'ai refait » *Manon Lescaut ;* quand j'ai écrit *Denise,* j'ai » refait la *Claudie* de Mme Sand — laquelle » avait refait, dans un autre milieu, l'*Angèle,* » d'Alexandre Dumas. Lorsque Augier fait les » *Fourchambault,* me prend-il le *Fils naturel ?* » Mais alors je l'avais pris à Diderot !

» Quant à ma nouvelle pièce, si elle a quelque » analogie avec une autre, c'est avec *Paul Forestier*. Le lendemain de la première de ce » drame, j'ai écrit à Augier pour lui signaler » cette *consanguinité,* dans le cas où j'écrirais » la comédie que j'avais déjà en tête à ce moment. Augier doit se rappeler ce détail. Or, » sa pièce est de 1868, et la mienne va seulement » paraître — tout simplement parce que je » pense très longtemps à ce que je fais, et que » c'est très difficile de faire une bonne pièce, » même lorsque, volontairement ou non, elle » doit ressembler à une autre déjà représentée » ou projetée seulement.

» Maintenant, pourquoi nous opposons-nous » le plus possible et bien inutilement à ce que » les journaux donnent d'avance au public l'ana-

» lyse de notre sujet ? Est-ce seulement pour » lui en garder la nouveauté et qu'il ne nous » arrive pas avec un jugement prématuré, avec » un parti pris ? Est-ce seulement parce qu'une » œuvre de théâtre ne peut vraiment être bien » appréciée, bien dans son atmosphère et dans » sa perspective que sur le théâtre dans un » cadre particulier, avec toutes les apparences » de la vie que lui donneront les personnages, » le mouvement, la voix humaine, l'impression- » nabilité de la foule chauffée peu à peu au degré » nécessaire pour la lutte, le triomphe ou la » défaite ? Est-ce seulement parce qu'en bonne » justice notre œuvre est notre propriété per- » sonnelle jusqu'à l'heure où nous la livrons à » l'appréciation de tous, et qu'il serait de conve- » nance élémentaire, de la part de ceux qui n'y » sont pour rien, de respecter cette propriété » comme toute autre propriété ?

» Non, ce n'est pas seulement pour toutes ces » raisons, car une pièce imprimée des milliers » de fois, même avant sa représentation, ne » perd rien le jour où on la représente pour la » première fois. Témoin les petits chefs-d'œuvre » d'Alfred de Musset : *On ne badine pas avec* » *l'amour, Il ne faut jurer de rien, le Caprice,* » *Il faut qu'une porte soit ouverte ou fermée,* » imprimés dans la *Revue des Deux-Mondes* et

» connus de tous avant qu'on les représentât.
» Non, car la pièce inédite elle-même perd sa
» saveur virginale le soir de ses noces avec le
» public, et, dès le lendemain, les comptes ren-
» dus la font connaître depuis A jusqu'à Z — ce
» qui n'empêche pas, s'il y a un succès, cent
» représentations consécutives devant des spec-
» tateurs qui connaissent toutes les péripéties
» de l'œuvre qu'ils viennent voir.

» Ce qui fait notre répugnance à communi-
» quer des détails à ceux qui nous les deman-
» dent, c'est que nous sommes sûrs de ne trou-
» ver aucune sympathie dans les articles des
» reporters auxquels nous cédons, et que nous
» ne pouvons compter que sur la malveillance
» de ceux auxquels nous avons résisté. On nous
» accuse immédiatement de réclame, de *boni-*
» *ment* — (pour me servir de l'expression dont
» se servait dernièrement, à mon endroit, un
» journaliste commentant une lettre que j'avais
» écrite à l'un de ses confrères) — on ne s'ima-
» gine pas ce qu'il y a d'animosités, d'envies,
» de haines dans les bas-fonds de certaines
» feuilles pour les hommes qui travaillent et
» qui réussissent, par cela seul qu'ils font leur
» métier avec conscience et succès. Il en a été
» ainsi de tout temps, mais aujourd'hui cela est
» plus que jamais.

» La *question sociale* a envahi jusqu'à la lit-
» térature. Il semble à ceux qui n'ont pu se
» faire, en mettant des mots sur le papier, ni
» renommée ni revenus, que nous leur prenons
» ce qui leur revient. Nous voilà passés à
» l'état « d'infâme capital », nous exploitons les
» pauvres ouvriers. Et il s'agit, pour certains
» anonymes ou inconnus, d'attaquer, d'insulter
» à tort et à travers le producteur célèbre et riche
» — non seulement quand l'œuvre paraît, mais
» avant même qu'elle naisse. C'est de l'infanti-
» cide platonique, car, finalement, toute cette
» malveillance de parti pris ne mène à rien les
» malveillants. L'envie ne fait vraiment du mal
» qu'aux envieux. Si l'œuvre est bonne, il y a
» toujours quelques critiques sérieux et sin-
» cères pour le dire et elle passe paisiblement
» et bruyamment à travers tout ce qu'ont dit
» les autres... « Les chiens aboient et la cara-
» vane passe », est un proverbe arabe qui a
» prévu le cas et qu'on ne saurait trop ré-
» péter.

» Pour conclure, en revenant à ma pièce,
» vous pouvez dire, mon cher ami, que je ne
» l'ai prise dans aucune autre pièce déjà faite.
» J'en ai puisé le sujet dans ce réservoir inépui-
» sable qu'on appelle *la bêtise de l'homme*, et
» mon sujet pourra être traité, cent fois encore,

» par d'autres, sans que je suppose jamais qu'on » me l'a pris. Ajoutez, pour ceux qui sont » friands de détails sur les habitudes des gens » connus, que je ne reçois et ne lis que les jour- » naux où je suis sûr de n'être point qualifié de » voleur ou d'assassin... Il y en a un qui, l'an » dernier, a imprimé que ma voiture, lancée à » fond de train, avait écrasé un petit enfant en » train de jouer tranquillement devant la bou- » tique de ses parents, et que j'avais continué » ma route en me vautrant sur mes coussins et » en fumant un gros cigare. Heureusement, des » hommes du peuple avaient arrêté ma voiture » et avaient voulu m'écharper dans leur indi- » gnation bien naturelle.

» L'auteur de l'article regrettait qu'ils ne » l'eussent pas fait. Un ami, révolté par cette » lecture, m'avait apporté ce journal. Il voulait » absolument que je fisse un procès. Je n'ai pas » cru devoir l'intenter. Je l'aurais certainement » perdu, bien qu'il n'y eût ni enfant écrasé ni » gros cigare. Le fait restera donc indubitable » pour ceux qui apprennent l'histoire dans cer- » taines feuilles, et il sera affirmé dans quel- » qu'une des biographies qu'on publiera après » ma mort. Vous qui me survivrez certaine- » ment, je vous recommande bien ma mémoire » sur ce point.

» Ne croyez pas cependant que j'en veuille à
» quelqu'un. Je n'en veux à personne. D'abord,
» je ne crois pas que ceux qui écrivent de pareil-
» les infamies sur mon compte pensent ce qu'ils
» écrivent. Ensuite, je suis convaincu que ceux
» qui nous insultent le plus sont ceux qui vou-
» draient le plus être à notre place — sans comp-
» ter que je ne sais généralement pas ce qu'ils
» disent. Quand je reçois un autre journal que
» ceux dont j'ai l'habitude, je n'en romps même
» pas la bande... je me doute bien de ce qu'il
» doit contenir. Je le jette au feu — si c'est
» l'hiver ; autre part si c'est l'été. Et là-dessus,
» mon cher Marx, aimons-nous les uns les
» autres... Mais vous, qui êtes de la maison,
» apprenez-moi pourquoi le *Figaro* a supprimé
» l'épigraphe de son origine. « Je me presse de
» rire de tout de peur d'être obligé d'en pleu-
» rer » ? Elle n'aurait jamais été de circonstance
» plus que maintenant ! »

⁂

Encore qu'il voulût paraître indifférent, il m'a semblé voir percer, dans quelques paroles de Dumas, une pointe d'amertume et de ressentiment que je ne m'explique pas. La rancune — même légitime — d'un journaliste éconduit, ou les calomnies d'un reporter médisant ne sauraient diminuer des hommes de sa valeur... Il en devrait être convaincu, puisqu'elles ne l'ont pas empêché d'être ce que tout le monde sait et dit qu'il est : un littérateur d'un talent considérable et d'une charité légendaire.

. .
.

En principe, Dumas aime les pièces qui mûrissent dans un tiroir et y acquièrent — semblables au vin dans les caves — du bouquet et de la saveur. De temps en temps, il exhume du plus profond de son bureau le scénario qui sommeille, il en parcourt les pages endormies, et les réveille par des annotations, des mots, des aphorismes ou des ratures.

C'est l'histoire de *Francine* qui, elle, n'est point une thèse, mais dix thèses réunies et soutenues avec la maëstria et l'originalité que l'on sait.

Francine, qu'on pourrait appeler *le Talion*, est, à proprement parler, une étude de femme appliquée à l'éducation des femmes de ce temps. Elle a réussi parce qu'elle a conquis dès le premier soir les suffrages et l'approbation de « l'éternel féminin » — ce féminin qui, aujourd'hui plus que jamais, proteste contre son effacement social et réclame, à son profit, une révision du Code. Je ne prétends point qu'après *Francine* l'accord est définitif entre la redingote et la robe — mais cette pièce prouve que l'épouse a des droits aux représailles, et que l'époux infidèle n'a pas volé l'épreuve que Francine inflige à son frivole compagnon.

— Quand un mari trompe sa femme, dit-elle quelque part, c'est une bagatelle; quand c'est la femme, c'est une infamie!

Vous me direz que ce thème n'est point neuf: je n'y contredis pas. Il a été traité sous mille formes — en brochures qu'on avalait d'un trait — et en volumes si gros et si compacts qu'il y fallait « ajouter » des cornes pour en mener la lecture jusqu'à la fin...

Personne, mieux que Dumas, ne pouvait broder sur ce vieux canevas... On n'ignore pas qu'il a été longtemps — s'il ne l'est plus à cette heure — l'oracle des ménages troublés, le médecin consultant des crises conjugales, celui que les Géronte venaient trouver en se grattant le front, le confesseur juré auquel les pécheresses du foyer domestique demandaient l'absolution... Le Maître se complaisait même assez volontiers dans l'exercice de ce bizarre pontificat. Mais ce sont encore ses propres observations qui constituent le meilleur de ses connaissances sur ce sujet scabreux, et sa clairvoyance en ces matières est telle, qu'il n'est point nécessaire de lui exhiber un contrat pour qu'il y constate des coups de canif. Il les devine.

Un de ses amis, faisant allusion aux confidences chuchotées à son oreille par des lèvres humides de baisers profanes, s'écriait à sa table, un soir que j'avais l'honneur d'y être assis :

— Il n'est point surprenant que vous soyez si fort sur le chapitre des infidélités. Avec tout ce que les femmes vous racontent...

— Ce n'est pas ce qu'elles me disent qui est intéressant, repartit Dumas, c'est ce qu'elles ne me disent pas...

* * *

Mes lecteurs savent, — comme moi — que, primitivement, *Francine* s'appelait *Francillon* et que l'auteur dut changer le nom de son héroïne. Il prit ce parti à la demande d'un monsieur, injustement alarmé de cette homonymie, puisque Francillon désigne une fort jolie femme — pleine de charme, d'élégance, de distinction, et proclamée, à la fin de la pièce, plus vertueuse que Lucrèce. Le plus piquant du débat, c'est que *Francine* — le nouveau nom adopté — est justement celui de la mère du réclamant!

Des protestations du même genre se produisent chaque fois qu'un auteur célèbre est sur le point d'être joué. Quelqu'un surgit toujours qui s'imagine être déshonoré si son nom retentit sur les planches. Un confrère de Dumas, dans des circonstances analogues, débaptisa le principal personnage de sa comédie. Mais voilà que, le lendemain de la première représentation, il reçut une nouvelle lettre de l'individu qu'il pensait avoir satisfait.

« Monsieur — lui écrivait ce correspondant
» difficile à contenter — si vous m'aviez appris
» que mon homonyme est, dans votre œuvre, un
» ingénieur intelligent et spirituel, qui est dé-
» coré à la dernière scène en récompense de ses
» travaux, je ne vous aurais point supplié de
» lui retirer mon nom. S'il en est temps encore,
» rendez-le lui... car, moi aussi, je suis inven-
» teur de profession et ça attirera peut-être l'at-
» tention du gouvernement sur ma bouton-
» nière. »

Les dramaturges feraient bien, en cas semblable, de se méfier des mauvais plaisants. Il me revient en l'esprit un souvenir relatif à la *Famille Benoiton*. Je ne puis affirmer qu'il divertira le lecteur, mais je suis sûr qu'il étonnera fort Victorien Sardou, victime d'une amusante mystification. Sardou venait de livrer au Vaudeville — situé alors place de la Bourse — le manuscrit de la *Famille Benoiton*, et toutes les feuilles quotidiennes ou hebdomadaires avaient annoncé sa pièce intitulée, à l'origine, la *Famille Benoit*...

Première lettre d'un M. Benoit, capitaine de lanciers, enjoignant à l'auteur de changer son titre sous peine d'esclandre, duel, voies de fait, etc., etc.

La *Famille Benoit* devint alors la *Famille Benoitard*. Deuxième lettre d'un Benoitard, maître d'armes mauvais coucheur, n'entendant point que le nom de ses ancêtres « traînât » dans l'atmosphère viciée des coulisses et s'étalât sur sur le fond saumon d'une affiche de spectacle. Autre changement, troisième lettre. Enfin, la *Famille Benoiton* trouva grâce devant l'averse des épîtres injurieuses et comminatoires. Or, je sais, moi, de source sûre que jamais personne ne réclama sérieusement contre Benoit, Benoitard et Benoiton. Les lettres étaient écrites au café du Vaudeville, par deux joyeux drilles — alors dans l'âge où l'on savoure les joies des fumisteries. Et sans qu'il s'en doutât, Sardou serrait tous les jours — il serre encore — les dextres espiègles qui rédigeaient et jetaient à la poste ces lettres perfides, insérées de très bonne foi dans les journaux de l'époque.

Dumas redoute les anicroches de la dernière heure, et il a raison. Quand des acteurs se sont habitués à certains vocables durant les répétitions, c'est le diable pour les extraire de leur bouche : et rien ne les embrouille plus que ces substitutions à la veille du soir décisif. L'auteur de *Francine* est payé pour avoir ces appréhensions. Voulant éviter une similitude, il s'avisa, dans je ne sais laquelle de ses comédies, où il y avait un marquis de Trailles, créer un marquis de Prailles. Eh bien ! il existait un marquis de Prailles — lequel eut le bon goût de profiter de cette concordance pour inviter Dumas à passer quelques jours dans son château aux environs de Tours... Et dans le *Père prodigue*, déjà joué, de ce même Dumas, il y a aux environs de Tours un château de Prailles que Dumas ne connaissait nullement.

Le hasard n'en fait pas d'autres !

CLAUDE BERNARD

CLAUDE BERNARD

AUTEUR DRAMATIQUE

Par les soins de M. Georges Barral, élève et admirateur de Claude-Bernard, un drame inédit, intitulé *Arthur de Bretagne*, a paru. Il porte la signature du grand physiologiste défunt, et, suivant sa volonté dernière, l'ami auquel il a donné son manuscrit l'a publié cinq ans après sa mort... De l'œuvre, je ne dirai rien : c'est une « machine » en cinq actes sombres et heurtés, dont le dialogue emphatique et l'action confuse rappellent la façon maladroite d'un Pixérécourt à ses commencements. Le côté piquant de la chose réside plutôt dans les déductions qu'elle impose... Il est évident que la scène exerce des attractions singulières sur les cerveaux scientifiquement organisés.

Comme le savant Renan, le savant Bernard a rêvé la gloire et les profits de la rampe — à cette différence près que l'incomparable hébraïsant a fini par où l'illustre docteur a commencé. Après avoir fait jouer à Lyon une fade bluette non imprimée : *La Rose du Rhône*, Claude Bernard, élève pharmacien, âgé de vingt ans, élucubra son *Arthur de Bretagne* et, quittant sa province, débarqua en pleine Sorbonne — où Saint-Marc Girardin, dans tout l'éclat de son renom, professait la littérature. Le jeune dramaturge croyait tellement en son talent qu'il n'avait point reculé devant la dépense, pour lui fort lourde alors, d'un voyage pénible et coûteux, et tandis qu'il déroulait son « Arthur » pour le lire au maître, il était intimement convaincu que Victor Hugo n'avait qu'à se bien tenir. La Providence, qui veille au salut des peuples et ne permet pas toujours que les génies avortent hors de leur voie, découragea Claude Bernard par la bouche railleuse du juge qu'il avait choisi :

— Vous avez fait de la pharmacie : soyez pharmacien. Mais renoncez à une carrière pour laquelle vous n'avez aucune disposition : votre drame est détestable !

Supposez Saint-Marc Girardin banal, indifférent et sans franchise ; il louait le péché dramatique du débutant qui, sans bénéfices pour lui et les autres, s'en allait grossir la phalange des fruits secs du théâtre.

* * *

Connaissez-vous le passage du Commerce Saint-André-des-Arts, où Claude Bernard habita et travailla si longtemps, lorsqu'il eut embrassé la carrière qui l'a fait immortel? C'est une vieille cour dont l'infatigable chercheur aimait à rappeler l'histoire. Elle sortait d'un fossé creusé pour la défense de la porte de Buci en 1582. Parmi les boutiques, celle du numéro 8 était un cabinet de lecture très fréquenté à l'époque de la Convention. La femme qui gérait l'entreprise n'était autre que la veuve de Brissot. Elle avait pris un nom d'emprunt pour utiliser le fonds de la bibliothèque de son mari guillotiné.

« Dans la même maison — écrit M. Barral, préfacier d'*Arthur de Bretagne* — était l'imprimerie de l'*Ami du Peuple*, que Marat, domicilié rue de l'École-de-Médecine, avait placée là en vertu d'une réquisition de la Commune. Il fallait franchir deux grilles pour arriver aux ateliers de cet établissement. En face fut faite sur des moutons une première expérience de la guillotine, le nouvel instrument de supplice, dont l'inventeur, ou plutôt l'adaptateur le docteur Guillotin, demeurait à la fois cour du Commerce et rue de l'Ancienne-Comédie — là même ajoutait Claude Bernard avec un sourire mélancolique, où j'ai exécuté mes premières vivisections. Un peu plus loin, dans la triple cour de Rohan qui relie ce qui reste aujourd'hui de la rue du Jardinet à la cour du Commerce, à gauche en entrant dans la première partie, se trouve le socle d'une tourelle qui était comprise dans les fortifications du Paris de Philippe-Auguste. Deux petits jardins suspendus et qui refleurissent toujours au printemps y dominent l'ancien rempart. Un pensionnat de petites filles prend ses ébattements sur les pierres dix fois séculaires « devant lesquelles, disait Claude Bernard, bien des fois j'ai rêvé et trouvé le nœud des recherches qui obsédaient mon esprit ».

*
* *

Il faut considérer l'acte de M. Barral, livrant à l'impression l'essai romantique du célèbre physiologiste, plutôt comme un pieux hommage à une mémoire vénérée que comme un désir d'enrichir notre littérature dramatique. Lisez cet échantillon d'une prose qui n'est pas dépourvue de grâce, j'en conviens, mais qui lasse, malgré soi, par l'abus de l'épithète et l'enfantillage du procédé. En voici le sujet : le roi Jean-sans-Peur offre à Marie, fille du chevalier des Roches, de fuir l'austère solitude où elle s'est confinée pour venir briller à sa cour. Le tableau de l'existence qu'il lui propose perfidement donnera un aperçu du style et du faire de l'auteur.

» Le soleil est déjà bien haut sur l'horizon que, » mollement étendue sur votre couche, vous vous » bercez encore des rêves les plus doux. Vous pa- » raissez, et l'astre éblouissant pâlit à l'éclat de » vos atours. Vos beaux yeux cependant, légère- » ment voilés, votre calme pâleur et votre démarche » incertaine attestent une aimable langueur. C'est la » fleur humide et penchée sous les baisers de l'Au- » rore, quand le jour, de ses feux, ne l'a pas encore » échauffée. Mais voici que, dans le cristal scintil- » lant, pétille un vin généreux. Le gâteau de pur » froment, la bisque friande, la dragée parfumée » vous offrent un premier repas... Et la belle plante » se relève, la jeune fille enfin se réveille... Aussitôt » le son joyeux du cor vous invite aux plaisirs de » la chasse.

» Montée sur la fière haquenée, le faucon au » poing, la gaieté dans les yeux, vous suivez de près » le chasseur. Le faucon part et, tandis qu'il pour- » suit la colombe, sur le poing charmant qui le por- » tait, le fauconnier galant dépose furtivement un » baiser... Vous rentrez : de plus nobles plaisirs » vous attendent. La trompette a sonné, c'est l'heure » des combats... Comment vous peindre ici le tour- » noi et son ivresse? Quelles angoisses, mais quels » triomphes! Seriez-vous froide et immobile dans

» ces transports universels? Honneur à votre che-
» valier, à sa vaillance, à ses succès!

» A lui ce chaperon! Qu'importe que vos blonds » cheveux flottent épars sur vos blanches épaules? » A lui cette écharpe! Il n'en verra que mieux votre » beau sein palpiter et bondir. A lui encore... Oh! » que ne donnerait-on pas?... Cependant, avec le » jour ont fini les rudes labeurs. Il est temps de » songer au repos; mais le repos, c'est encore la vie; » la vie qui répare, inspire et met en joie. Sous de » brillants portiques, aux feux étincelants des flam- » beaux, parmi les fins propos et les rires, une table » splendide appelle et satisfait tous vos goûts, une » musique suave vous verse des flots d'harmonie... » Puis l'amour tient sa cour plénière et, par l'or- » gane de la beauté, vous explique ses tendres lois... » Puis de touchants récits vous dérobent de douces » larmes...

» Accablée, mais non rassasiée, cherchez-vous le « frais de l'ombre, la brise embaumée du soir vous » apporte ses mille senteurs et tous ses bruits mys- » térieux... Au parterre, dans la feuillée, près du » lac, sous l'acacia en fleurs, partout vous recueillez » de ravissants murmures. Et seule... ou plus heu- » reuse... dans une extase partagée, vous laissez » couler les heures jusqu'au moment où l'astre du » soir éclaire, d'un rayon discret, le silence de l'a- » mour et de la nuit. »

On ne peut imaginer que cela a été écrit par la même main qui, plus tard, fouillait les entrailles des animaux pour découvrir les origines organiques de la vie humaine, et surprendre, sur le vif, les fonctions mystérieuses de viscères jusqu'alors inexplorés.

Et c'est cet homme qui ambitionnait tout d'abord le titre d'auteur dramatique et voulait uniquement se consacrer à la recherche des « situations » scéniques !

Auteur dramatique ! mais il l'a été lorsque, penché sur des cornues gorgées de substances délétères et sur des chiens éventrés, il épiait des bouillonnements ou des convulsions d'où il dégageait les plus utiles vérités !

Des situations !... en eût-il jamais inventé de plus épouvantable que celle de l'homme empoisonné par le curare, — le terrible poison des Indiens de l'Amérique du Sud ?

N'est-ce point lui, Claude Bernard, qui a découvert que l'absorption de cette glu noirâtre insensibilise et tue les organes en laissant subsister intactes la sensibilité et l'intelligence, en sorte que la pensée survit, comme enfermée dans un cadavre !

Arthur de Bretagne, qu'il faut parcourir simplement comme la manifestation première d'un esprit supérieur, ne contient, — certes ! — rien d'aussi émouvant.

RENAN

RENAN

Tous les dilettanti de lettres ont dans leur bibliothèque l'*Abbesse de Jouarre.*

C'est, en effet, un morceau de délicat, et il faut savoir le lire.

Quand l'*Abbesse de Jouarre* a paru chez Calman-Lévy, il y a eu ce qu'on appelle en termes de libraires... « un pétard. »

Dès que l'explosion du volume, — c'est le mot, — a éclaté, je me suis mis en tête de recueillir les jugements formulés, dans tous les milieux, sur ce volume tant commenté, et j'ai tiré de l'opinion la plus répandue — je ne dis pas la plus juste — cet enseignement que M. Renan est devenu un écrivain du genre sadique — un peintre de l'école de Fragonard, les jours où Fragonard avait le pinceau licencieux et sacrilège ! Se peut-il que nous nous donnions si facilement des démentis à nous-mêmes ? Un entraînement de plume ou les exigences d'un sujet amènent un auteur à mettre plus de poivre que de sel dans l'un de ses ragoûts : du coup, nous oublions les mets exquis qu'il nous a servis la veille. Ce fut à peu près le cas de l'éminent académicien. Il n'a plus été, pendant trois mois, qu'« un hystérique défroqué », auquel on appliquait les vers de la satire :

C'est un littérateur à prose stercorale
Dont les honteux travaux révoltent la morale.

D'où il appert qu'il en est, chez nous, de la critique comme de toutes choses. Nous ne savons pas plus contenir nos enthousiasmes que nos dénigrements, et nous glissons sur la pente du parti pris avec autant de complaisance que nous exagérons nos engouements... Croirait-on que, cette fois, on a contesté à l'auteur de la *Vie de Jésus* la valeur et le charme de son style chantant et poétique — régal des lettrés délicats — qui élève notre langue au rang des idiomes les plus mélodieux et les plus colorés ?

Un soir je me promenais sur le boulevard, près de l'Opéra : un voyou m'a abordé, et, après s'être assuré qu'il n'y avait pas d'agents aux alentours, m'a murmuré à l'oreille :

— Achetez mes cartes transparentes... Vous y verrez..... l'*abbesse de Jouarre*

Consacrez donc votre intelligence, votre âme, votre cœur à votre pays pour recevoir cette tache de boue !

J'ai eu l'honneur d'approcher M. Renan et d'entretenir avec lui des relations qui remontent à près d'un demi lustre, aussi j'ai ragé en l'entendant avilir de la sorte, et j'ai couru chez lui, au Collège de France, pour le supplier de protester dans une lettre contre des accusations que démentent son Œuvre, sa carrière, ses mœurs, son caractère et la hauteur de ses conceptions. Je me suis heurté contre une surprise extrême:

— Il est inadmissible, m'a-t-il dit, qu'on travestisse à ce point la pensée d'un honnête homme qui n'a d'autres vues que celles du sage, et ne poursuit d'autres fins que celles du philosophe. Je vis, vous le savez, dans une retraite profonde. Les bruits du dehors expirent à ma porte et, présentement, mon *Histoire d'Israël* m'absorbe au point que je n'ai pas le temps de lire les journaux et d'aller par la ville. De là mon ignorance absolue de ce que vous me rapportez. En vérité, il est pitoyable d'être si mal compris, et je me loue de pratiquer le mépris des sots...

Car il faut être sot pour voir une polissonnerie sénile dans un drame sérieux. Mais, quel est votre avis?

— Oh moi! répliquai-je, je me tais... Je vous suis trop acquis pour n'être pas partial. Le culte que je professe à l'endroit de votre personnalité et de votre érudition rendrait mon témoignage suspect, et mes colères, en présence des appréciations d'une galerie prévenue, ne sauraient être un criterium. Aussi — ajoutai-je en poursuivant mon idée — feriez-vous sagement d'éclairer le public...

— Jamais! s'écria M. Renan. La pureté de ma conscience et la sincérité de mes intentions me l'interdisent. La seule chose qu'on puisse discuter dans mon roman c'est sa forme... Le dialogue m'a toujours tenté. Il se prête merveilleusement aux spéculations philosophiques. L'auteur éprouve une satisfaction intime à faire agir et se mouvoir les personnages issus de son imagination. Il écoute leurs controverses, assiste à leurs luttes, et, encore que le triomphe du vainqueur soit de son invention, il le considère comme un fait indépendant de sa volonté; il le savoure à la façon d'un dénouement imprévu. Les anciens prisaient fort ce procédé.

» Quatre siècles avant l'ère chrétienne, vivait un certain dialogueur, Platon, dont vous avez ouï parler, et les propos des Morts d'un nommé Lucien ont traversé les âges. J'ai suivi leur exemple. Désirant montrer l'Amour devant la Mort, c'est-à-dire dans les conditions les plus élevées, j'ai mis en scène des héros à une époque héroïque. Et vous m'apprenez qu'on qualifie de grivoiserie le tableau de deux martyrs s'adorant au pied de l'échafaud! C'est à jurer qu'un Gaulois incorrigible sommeille dans l'âme de chaque Français. Au surplus, je ne sache point qu'on ait cherché querelle aux historiens qui n'ont pas dû, comme moi, recourir à des fictions pour retracer des passions écloses et assouvies dans l'ombre des cachots de 93. L'appel du bourreau a désuni des couples qui narguaient la hache levée sur leur tête, en s'aimant aussi complètement, aussi ardemment que s'ils eussent été sûrs d'un avenir prospère, et libres dans un décor riant. Le nom ne me revient pas de cette comtesse qui, miraculeusement délivrée au moment de gravir l'échelle de la charrette fatale, accouchait neuf mois plus tard d'un enfant conçu durant sa captivité.

» A de tels moments, l'abandon de soi, l'oubli des convenances et l'instinct génésique dominent les « principes » de leurs sublimes impudeurs, et le condamné — sans peur et sans reproches — demande à ses instants comptés les rares joies que la nature laisse à sa disposition... Les plus faibles eux-mêmes — ceux dont l'approche du supplice bouleverse les facultés et culbute l'énergie — sont en proie à une excitation particulière qui rend le désir plus puissant que la terreur. Les physiologistes ont constaté ce phénomène.

« Une seule hypothèse, affreuse, horrible, germe, à ces souvenirs, dans le cerveau du philosophe et le plonge dans de cruelles angoisses : c'est la pensée que le couteau de la guillotine a, d'un seul coup, supprimé deux êtres : la mère et l'enfant !

» La préface de mon drame — poursuivit M. Re-nan — explique clairement ses origines et son but. Priez les effarouchés d'en méditer les conclusions : priez-les surtout de lire l'*Abbesse de Jouarre*, d'un bout à l'autre, sans s'arrêter complaisamment à tel passage plus « monté » que tel autre. Ils reconnaîtront que je ne suis point un pornographe et admettront, peut-être, que l'Amour n'est plus une gaudriole vulgaire quand il s'épanouit au seuil de l'Éternité !...

J'ai quitté M. Renan sur ce mot.

DOCTEUR DEPAUL

DOCTEUR DEPAUL

N'est-il pas profondément juste de saluer et de glorifier le nom de ceux qui vont au loin faire honorer la science française ? Le récent voyage de l'Empereur du Brésil rend d'ailleurs de l'actualité au récit que je vais faire.

Le défunt professeur Depaul avait été mandé au Brésil pour l'accouchement de la princesse impériale. Il a bien voulu à son retour me donner quelques détails sur son voyage. Je les transcris tels que je les trouve sur les feuilles jaunies d'un calepin enfoui sous de vieilles paperasses. On savait à Rio-Janeiro que le grand praticien devait présider aux couches de la princesse, et le corps médical indigène avait vu, avec dépit, l'héritière du trône faire appel aux lumières d'un étranger. La presse brésilienne s'était élevée contre cette détermination. Les plus ardents la qualifiaient d'« anti-patriotique ».

Au premier abord, on se sent quelque indulgence pour cette indignation. On conçoit que les médecins de Rio aient envié à un Français la gloire de mettre au monde celui qui règnera un jour sur leurs enfants. Mais certains événements qui ont précédé les couches impériales auraient dû les faire renoncer à leur louable désir, et leur patriotisme même eût dû les rendre plus tolérants. La comtesse d'Eu, qui au bout de neuf ans de mariage, avait la douleur de n'avoir pas d'enfants, était devenue grosse après avoir suivi un traitement prescrit par le docteur Depaul. Elle quitta Paris pour aller faire ses couches au Brésil où, après des souffrances inouïes, elle mit au monde un enfant mort. Il serait injuste d'attribuer ce malheur à l'inexpérience de l'accoucheur qui l'assista, mais enfin, cet accident suffit à excuser certaines appréhensions et à justifier la sollicitude exagérée de l'empereur qui ratifia le choix du docteur Depaul pour une seconde délivrance.

Quand l'illustre professeur arriva, il se vit l'objet d'une froideur générale. Les gazettes se montrèrent moins que bienveillantes à son endroit et il lut les sentiments hostiles sur tous les visages de l'entourage de Leurs Altesses. Voulant mettre tous les torts du côté des opposants, M. Depaul s'en fut visiter les médecins de la Cour et réclama même leur aide pour le jour de l'enfantement... Mais quand la nouvelle des premières douleurs se répandit, personne n'apparut, et M. Depaul se trouva seul au chevet de son auguste cliente.

Ce fut un accouchement laborieux — un accouchement qui nécessita l'application du forceps... Rien n'était, paraît-il, plus navrant que l'émotion du comte d'Eu, fils du duc de Nemours et mari de la princesse.

— Jamais je n'ai vu ménage plus tendre et plus uni, me disait à ce sujet le docteur Depaul, ils s'aiment comme des bourgeois...

Anxieux, agité, une sueur froide au front, le comte arpentait le salon voisin de la chambre de sa femme. Il venait à chaque instant baiser sa main et lui recommandait — sans qu'il en fût besoin — d'être courageuse. Et puis il sortait, revenait, interrogeait à toute minute le docteur qui, sans être trop rassuré, lui donnait les meilleures espérances.

Enfin, après treize heures de souffrances, la princesse mit au monde un enfant dont la taille et la puissance avaient coûté tant de douleurs à sa mère. Il pesait près de 12 livres! Mais l'envie ne vint à personne d'admirer ce robuste nouveau-né... Il ne donnait aucun signe de vie et resta plus d'une heure inerte et asphyxié. M. Depaul parvint, par insufflation d'air, de bouche à bouche, à donner la vie à ce cadavre — aujourd'hui le plus beau et le plus vivant des princes!

L'accoucheur officiel de la cour était cependant arrivé vers la fin et, — telle est la puissance du talent et du sang-froid que ses sentiments de rancune et son dépit disparurent devant le zèle, la présence d'esprit et l'adresse de M. Depaul. La nouvelle de cet accouchement anormal, si heureusement terminé, se répandit par la ville; et voilà, dans l'opinion publique, un revirement complet! Les médecins, les journaux, les courtisans, tout le monde exalta celui qui était conspué la veille, et le savant—reçu d'abord avec des moues dédaigneuses — fut flatté, adulé, chanté sur tous les tons. Les Académies lui envoyèrent des couronnes, des députations. Des banquets s'organisèrent dont la présidence lui fût offerte.

— Après l'événement, me disait M. Depaul, mon appartement ne désemplit pas du matin au soir, et je fus obligé — malgré ma détermination contraire — de donner des consultations... En moins de huit jours on déposa, en piastres, plus de 15,000 francs sur mon bureau!

Telle a été la triomphante expédition de l'éminent professeur. Il passa deux semaines au Brésil, et fut durant quarante-deux jours en mer. Ses deux traversées s'effectuèrent sans encombre.

— Je trouvais le temps un peu long, me disait-il, j'avais surtout la nostalgie de mon métier d'accoucheur, et ce n'est pas sur des matelots que je pouvais m'entretenir la main.... Je pus tromper mes heures d'ennui par la lecture et surtout par mes entretiens avec les officiers du bord, qui ont été, autant sur l'*Orénoque* que sur la *Gironde*, d'une amabilité et d'une complaisance rares. Durant la traversée du retour, on mit à contribution mes connaissances d'anatomiste. Voici comment : nous pêchions le requin. L'un de ces terribles animaux, dans lequel nous avions, en vain, logé une douzaine de balles quand il apparaissait à fleur d'eau, put enfin être harponné. Je le disséquai.

» Jamais autopsie ne fut plus fertile en incidents imprévus... Figurez-vous que j'ai trouvé, dans les flancs du monstre, trois cornes de bœuf mesurant chacune 50 centimètres de hauteur et une boîte de fer-blanc, non dessoudée, qui contenait vingt livres de conserve de mouton ! Les requins suivent les navires, et quand on abat un bœuf pour la consommation de l'équipage, on jette à la mer la peau du ruminant avec sa tête et ses cornes. La dimension de la gueule du requin lui permet d'avaler le tout d'un seul coup. Quant à la boîte de conserve, elle a dû être happée par la vorace bête aussi facilement que nous gobons une huître. Au surplus, si vous voulez venir chez moi, je vous montrerai cette mâchoire : je l'ai préparée et conservée.

Le lendemain, j'allai rendre visite au docteur et je pus considérer à l'aise les plus effroyables mandibules que j'eusse vues de ma vie.

Elles représentaient, — ouvertes, — un cercle d'un demi-mètre de diamètre. Le pourtour est garni, en nombre infini, de dents aiguës, qui se couchent sur la muqueuse intérieure dans la direction de l'arrière-bouche, comme les papilles de la langue du chat. Cette armature explique comme quoi la proie du requin entre si aisément dans sa gueule et en sort si rarement.

— Voyez, me dit le docteur en me coiffant de ce cercle formidable, votre corps y passe !

Et en effet, le cercle descendit jusqu'à mes pieds sans avoir effleuré mes habits.

J'avoue que, durant l'expérience, j'éprouvais une certaine satisfaction à penser que j'avais affaire à une mâchoire privée de son propriétaire !

FRANÇOIS BULOZ

FRANCOIS BULOZ

La *Revue des Deux-Mondes* est, — on le prendra dans le sens que l'on voudra, — l'académie du journalisme.

Qui a fondé la *Revue des Deux-Mondes?* François Buloz.

Il a laissé trop de souvenirs, il a été trop vaillant sur la brèche pour que je ne trace pas ici un portrait de celui qui, humble travailleur à ses débuts, est devenu un homme de son temps, a fondé quelque chose et a su se faire compter.

Et puis, quoi de plus touchant que sa fin?

Il est mort à soixante-treize ans, du diabète si l'on en croit les médecins; il est mort surtout du coup que lui avaient porté nos désastres; le siège de Paris l'a tué plus que le mal qui le minait.

Une des légendes qui ont eu cours sur cet homme — qui sut grouper autour de lui et faire concourir à son œuvre les plumes les plus savantes et les talents les plus délicats de son époque — une légende l'a représenté comme une manière de Savoyard bourru, resté fruste et illettré en dépit de son incessant commerce avec les lettrés. Cette légende se trompe à demi : Buloz avait fait des études, et il n'est pas jusqu'à sa profession première d'ouvrier imprimeur et de prote, qui n'ait contribué à développer en lui de véritables aptitudes littéraires. Il ne possédait pas la fougue et l'inspiration du producteur, mais il avait la mesure et le sens du critique.

*
* *

Il est de ceux qu'il n'est pas besoin de présenter ; leur vie est connue de tous. Nul n'ignore qu'en 1831, ce cerveau puissant menait de front la *Revue des Deux-Mondes*, la *Revue de Paris*, et le Théâtre-Français. C'est sous son règne qu'ont débuté Got, Mme Arnould-Plessy et d'autres vétérans du bien-dire dont le nom m'échappe. On sait aussi par cœur le titre des ouvrages publiés dans la *Revue des Deux-Mondes*.

Si l'on songe au caractère âpre, intolérant et fantasque de François Buloz, on s'étonne qu'il ait gardé — toute sa vie et toute leur vie — des relations avec les grands écrivains que leur talent autorisait à être, à son exemple, têtus et pointilleux. Presque tous, à la vérité, se brouillèrent avec lui ou le boudèrent. Mais tous lui revinrent — attirés sans doute par l'ascendant qu'exerce l'amour du travail sur l'amour de l'étude, et en vertu d'affinités indéfinissables.

Un des fournisseurs de la *Revue* — un romancier célèbre — me disait un jour :

— Ce diable de Buloz est insupportable, mais il y a du plaisir à lui remettre un manuscrit... Il tombe tout de suite sur les bons endroits. Ses compliments comme ses critiques ont cette particularité de rarement s'égarer. Nul ne sait mieux montrer le point où l'auteur a « lutté et donné ».

Buloz était particulièrement intraitable à propos de certains changements qu'il exigeait dans les articles de ses collaborateurs. Si on lui résistait, il entrait dans d'aveugles colères. Plusieurs ont su jouer de ce naturel inégal. Ils laissaient crier l'entêté et revenaient à la charge après la bourrasque. Le calme s'était fait, et ils trouvaient ductile et friable le roc inébranlable qu'ils avaient quitté la veille.

*
* *

Souffrant depuis 1870, Buloz s'était peu à peu, non pas désintéressé, mais retiré de son recueil — laissant la grosse besogne à son fils Charles.

Il ne lisait plus les manuscrits.

Se sentant un jour sérieusement malade, il dit à l'un de ceux auxquels il sut inspirer une inaltérable amitié :

— Ah ! je vais mal !... J'irai bientôt diriger la Revue de l'autre monde.

Le 23 septembre 1871, il eut une attaque d'apoplexie qui paralysa complètement son côté gauche. A dater de cette époque, il ne fut plus lui ; il exprima souvent et avec amertume le sentiment qu'il avait de son dépérissement et de son annihilement.

— Qu'il est dur, gémissait-il un matin d'octobre, de se survivre à soi-même !...

Depuis ce jour, — où il montra qu'il assistait

aux funérailles de ses facultés physiques et morales, — il s'affaiblit de plus en plus. Non seulement il ne parlait plus de sa chère *Revue*, mais il ne soufflait plus mot de Ronjoux. Ronjoux est une terre qu'il possédait à Chambéry et qui — avec sa publication — se partageait tous ses soucis... Il y avait dans ce gourmet de lettres des instincts et des passions de paysan et d'agronome que ne purent jamais étouffer les préoccupations du publiciste. Les bâtiments de Ronjoux étaient continuellement occupés par des maçons, et les champs d'alentour étaient foulés sans relâche par des légions de laboureurs et de cultivateurs, perfectionnant, fumant et améliorant ce sol bien-aimé. Tantôt il s'agissait d'une digue à élever, tantôt de dessécher le lit d'un torrent. Aussi, c'était entre Paris et la Savoie un continuel va-et-vient de l'actif rédacteur en chef.

* * *

Au physique, Buloz n'était pas de ces hommes qui font dire à ceux qui les voient : C'est quelqu'un ! Au premier abord, il avait l'air de tout le monde, mais en observant la vigueur et la saillie de ses traits, on distinguait clairement sur sa figure les signes de l'énergie et de la volonté qui lui ont valu de mener à bien son entreprise.

Il a gardé tard l'allure robuste et lourde du montagnard. Il avançait d'un pas ferme et sûr, le dos voûté, sans rien perdre de sa taille élevée, et sa nuque épaisse, garnie fort bas de cheveux roux, racontait mieux que son visage la caractéristique de son tempérament. La bonne chère et la toilette le laissaient insensible. Il mangeait comme il s'habillait — à la diable — et ne prêtait pas plus attention à la coupe de ses vêtements qu'aux séductions d'un mets savamment préparé.

Une particularité :

Jamais Buloz n'a consenti à poser devant un peintre, un sculpteur ou un photographe. M. Guillaume, le directeur de l'École des Beaux-Arts, a commencé son buste, — mais c'était à l'insu du modèle. En sorte que le directeur de la *Revue des Deux-Mondes* est mort sans qu'on ait de lui un seul portrait... Je me trompe : il en est un qui a été fait deux heures après le décès de l'original, malgré l'absence de lumière, et dans des conditions difficiles... J'ai même été frappé du mot terrible échappé au photographe heureux de sa réussite. Il dit au fils, en lui montrant le cliché sur lequel apparaissait, en négatif, son père mort :

— Vous avez de la chance... c'est un de mes plus beaux morts !

JULES JANIN

LES LIVRES
DE
JULES JANIN

La bibliothèque de Jules Janin, — une véritable merveille, — a donné lieu, on s'en souvient, à un conflit entre l'Institut et madame Jules Janin, bien que cette dernière, usant de ses droits de légataire universelle, eût fait don à ce même Institut, — sous certaines conditions, — des livres de son mari.

Je me souviens d'avoir admiré, au chalet de Passy, sur leurs rayons, tous ces beaux livres que la donataire voulait bien donner, mais seulement après son décès.

Jules Janin était un bibliophile passionné.

Il y avait en lui les goûts du philosophe Lorrain que j'ai connu, et qui vivait au loin, à l'abri du monde, sur la lisière d'un bois. A quelques toises de sa maisonnette, sa vigne escaladait gaiement une côte pierreuse et lui préparait des rives enluminées. Un peu plus bas, du côté opposé, quelques arpents de bonne terre lui promettaient de grosses récoltes. Avec cela, il vivait tranquille, il était heureux; puis, pour comble de bonheur, il aimait à lire.

Savez-vous combien il y avait de volumes sur la planche, au-dessus du lit?

Il y en avait treize en tout.

Les deux tomes du *Rabelais* de 1663; les trois du *Montaigne* de 1669; *le Moyen de parvenir* de 1757; le joli *Don Quichotte* de Renouard; l'*Horace* aux notes de Jean Boud, et *le Triple Liégeois* de l'année.

La bibliothèque de Jules Janin, — beaucoup plus riche et surtout plus parisienne par le nombre, le choix et l'état exceptionnel des exemplaires, — plus de cinq mille ouvrages, — a été composé expressément en vue du titre ingénieux que son propriétaire lui avait donné.

Il l'appelait : *la pharmacie de l'âme !*

« Un livre, disait-il, est et doit être un honnête « homme, ami des honnêtes gens. »

Il écrivait aussi en marge des Oraisons funèbres de Bossuet : — « Je plains l'esprit désarmé de ces armes formidables! »

Mais procédons avec ordre.

Jules Janin,—dont la passion ne s'aventurait point à des prodigalités de grand seigneur,— fit, à bon compte, l'acquisition d'un de ces rares manuscrits enluminés dont le prix représente la dot d'une jeune fille.

Je commencerai mes citations par ce joyau que j'ai feuilleté; c'est un missel orné de miniatures provenant d'une main incomparable.

Le peintre inconnu avait écrit à la fin de ces *horæ piæ* un distique latin que Jules Janin s'était plu à traduire en ces termes, afin d'accorder quelque chose au plaisir d'annotation qu'il aimait à se donner de temps en temps :

> Pour tant de peine et de labeur,
> Que ne puis-je avoir du prieur
> La plus vieille bouteille,
> Et pour la boire une beauté vermeille !

Ponsard lui disait, après avoir lu ce quatrain :

— Pourquoi, vous, qui êtes à cette heure l'homme le plus sage et le plus sobre de tout Paris, parlez-vous dans vos vers de « vieilles bouteilles » et de « beautés vermeilles » auxquelles, entre nous, vous êtes fort indifférent.

— Mon ami, répondit Janin, ça me pose auprès des ivrognes et des mauvais sujets.

Je dirai, à ce sujet, que le maître aimait à griffonner des vers sur tous les événements qui l'étonnaient, parmi le flot de nouvelles que ses amis lui apportaient à midi.

Le matin, il lisait d'habitude, et beaucoup des livres nouveaux qu'il parcourait avant déjeûner, portaient sur les blancs du titre ou sur la feuille de garde, des épigrammes, des réflexions humouristiques ou des couplets gaillards.

En voici un entre mille.

On lui annonce un matin que M. de la Valette est nommé ministre de l'Intérieur. Jules Janin l'avait beaucoup connu dans les joyeuses années de sa jeunesse. Cette nomination fit sans doute naître, en son cerveau, quelques souvenirs plaisants, car il écrivit sur la couverture d'un roman d'Amédée Achard qu'il parcourait en cet instant :

Un jour la jeune Lison
Rencontrant Lisette
Lui demande sans façon
« Que fait la Valette ? »
Celle-ci lui répondit :
« Ministre depuis lundi ! »
La bonne aventure
O gai
La bonne aventure !

* * *

Il me faudrait sacrifier des rames de papier à

l'énumération des livres, ornés de piquantes annotations ou de dédicaces à sensation, qu'abritait l'ermitage de la rue de la Pompe. J'y trouve entre autres : *Les Marguerites de la Marguerite*, 1547, admirable volume — don, attesté par autographe, de la reine Marie-Amélie en reconnaissance de l'Horace offert à M. le comte de Paris par le « prince des critiques ». Les *Satires* de Mathurin Régnier, unique volume à toutes marges, de l'édition d'Elzévir de 1552, la plus belle et la plus complète... C'est le fameux exemplaire qui, de chez Nodier, a passé chez Pixérécourt, puis chez M. Cigongne et enfin chez le duc d'Aumale qui l'a donné à l'auteur de l'*Ane mort*. Et puis, un *Horace* qui a son histoire. Lorsque lord Derby fit imprimer sa traduction du poète latin, il en apporta un spécimen à Jules Janin et lui dit en entrant :

— Je viens offrir à Horace lui-même l'hommage de mon timide et modeste essai.

* * *

Citerai-je parmi les plus curieux éléments de cette brillante collection un *Chateaubriand* comme on n'en voit pas, des *Chansons de Laborde* (édition des fermiers généraux), et un *Béranger* — recueil sans rival, richement relié, orné de gravures signées des plus grands peintres, et si somptueusement paré que Béranger, auquel Janin l'avait remis pour l'examiner à loisir, le lui rendit après avoir écrit en tête les lignes suivantes :

Chansons, mes pauvres filles, retournez chez celui qui vous a si soigneusement accueillies. Voyez, malgré votre peu de mérite, comme il vous a splendidement habillées, vous qui, par habitude, courez les rues en si piètre parure. Ah ! remerciez le bon Janin qui, sachant que votre vieux père n'avait pas le moyen de vous attifer si richement, s'est chargé des dépenses de votre toilette, et qui, malgré tant de gens intéressés à votre perte, a le courage de vous adopter et de vous défendre. Pareille générosité est rare aujourd'hui ! Tout républicain qu'on m'accuse d'être, assurez de ma gratitude le roi de la Critique.

BÉRANGER.

Mai 1855.

Un tel assemblage de merveilles ne se fait pas en un jour : Janin y a passé la moitié de son existence. Quand il vendait une de ses œuvres à un éditeur, il stipulait, dans le marché, qu'il recevrait, outre son appoint, quatre ouvrages imprimés sur beau papier et reliés par Capé. Il sut ainsi enrichir, du même coup, son gousset et ses rayons — sans compter les douces surprises qui attendent le bibliophile en campagne.

Il y a « les bonnes affaires » comme celle de Joseph d'Ortigues qui acheta un jour, à une vieille revendeuse, moyennant cinq sous le volume, l'édition complète de Molière de 1666, et acquit, par ce fait, moyennant trente sous, un ouvrage qui vaut aujourd'hui trois mille francs !

Jules Janin pensa, un tantôt, avoir la même chance. Il bouquinait sur le quai Conti et fouillait dans la *boite à vingt centimes*. Quelle n'est pas sa surprise de tomber sur un Horace-Elzévir ! — un livre rarissime d'une valeur de dix louis ! Il s'en empare, le dépose sur le parapet et plonge la main dans sa poche d'où il tire ses quatre sous. Puis, saisissant sa trouvaille, il rentre chez lui et annonce la nouvelle à ses familiers... On accourt, on s'empresse. Il tire le livre de son sein où il l'avait enfoui, et il l'ouvre... O déception ! c'était un très vulgaire recueil dans un état pitoyable ! Le critique consterné se rappelle alors que, derrière lui, se tenait, — au moment de sa découverte — un monsieur qui s'était approché en l'entendant pousser un cri de joie. Ce quidam avait profité de la minute où Janin s'était débarrassé de son Horace pour lui substituer un affreux *De viris* d'une reliure et d'une dimension identiques.

*
* *

Autre aventure :

Janin avait un oncle fort avare qui tonnait volontiers contre la prodigalité des gens de plume.

— Vous faites des sottises, disait-il un jour à son neveu, et vos dépenses sont excessives ; vous mourrez sur la paille !

— Vous vous trompez, mon oncle, répliqua doucement le maître, je proportionne mes débours et mes gains.

Le surlendemain, Janin était à l'hôtel des commissaires-priseurs : M. Benoît Fould, amateur d'éditions rares, l'avait prié d'acheter pour lui, à tout prix, certain ouvrage faisant partie de la bibliothèque d'un grand seigneur décédé. Janin, assis au premier rang, se carrait en homme qui peut surenchérir à l'aise; et lorsque l'ouvrage fut mis à l'encan, il jetait avec furie et sur un ton important des chiffres vertigineux.

— Trois mille francs !... Quatre mille francs ! criait-il, à la grande admiration de la galerie.

Le livre lui fut adjugé : il se leva radieux pour se retirer... mais il se heurta contre son oncle qui, debout, grave, le front sévère, lui dit avec un geste désolé :

— Eh bien, monsieur, nierez-vous encore que vous soyez un prodigue et que le prix de vos feuilletons ne vous autorise point à pareille folie?

Janin eut beau dire qu'il opérait pour autrui, le vieillard ne voulut point en démordre.

Ceci se passait le jour même où le critique racontait, dans les *Débats*, qu'il avait assisté, la veille, au travail de puces savantes dressées par un saltimbanque. « Je me suis sauvé, écrivait-il en terminant son compte rendu, dans la crainte d'enlever une actrice ! »

Ce sont ces plaisanteries, sans doute, qui faisaient dire par la duchesse de Berry, captive à Blaye, à son médecin, le docteur Menière :

» Ce Jules Janin m'amuse; souvent il me fait
» rire par ses articles si drôlement faits à côté
» du sujet. Il a une aimable fantaisie, trop rare
» aujourd'hui. Je ne manque jamais de lire ses
» tartines, où il se moque si gaiement du public,
» des auteurs, des acteurs, et de lui-même par-
» dessus le marché. »

M. PASTEUR
ET
LE DOCTEUR PETER

M. PASTEUR ET LE DOCTEUR PETER

On me saura gré de consacrer une page spéciale à la grande lutte... rabique, engagée, en l'an 1888, entre M. Pasteur et M. le docteur Peter, puisque cette lutte me permet de profiler deux silhouettes intéressantes et célèbres.

Il n'y a plus rien à dire du premier des deux adversaires... Son portrait et son œuvre sont universellement connus. La photographie, le pinceau et la plume ont reproduit ses traits, raconté sa vie et publié ses labeurs.

Encore qu'il soit moins populaire, l'autre est un praticien hors pair — un de ceux qui honorent l'Ecole médicale française par leur savoir autant que par leur caractère. Pourvu de tous les grades et de toutes les distinctions, le docteur Peter est peut-être, avec son confrère Potain, celui de tous les guérisseurs contemporains qui a la plus nombreuse et la plus riche clientèle. On le vient consulter de tous les points du globe, et la Faculté de Paris s'enorgueillit à juste titre de le compter parmi ses gloires. Son antagonisme avec M. Pasteur ne peut donc être suspect; sa bonne foi ne peut être mise en doute, et s'il ose s'attaquer à des chiffres et à des faits qu'il qualifie d'erreurs, nous devons avant tout penser qu'il agit au nom de sa conscience.

De tels hommes sont au-dessus des basses jalousies et des mesquines polémiques. La façon même dont ils entendent et pratiquent leur sacerdoce les affranchit de toute arrière-pensée... Le docteur Peter, qui est mandé dans les palais et dont les diagnostics lumineux se payent en banknotes, accorde des soins gratuits au pauvre qui sonne à sa porte. Qu'il s'asseye au chevet du millionnaire ou à celui des indigents de son hôpital, il prouve le même désir de soulager, la même ardeur à guérir, le même souci d'éclairer les obscurités encore nombreuses, hélas! de la pathologie interne — cette science aussi lente dans son perfectionnement que l'autre, la chirurgie, est rapide dans ses progrès.

* * *

Le docteur Peter est un moderne dans la plus haute et la meilleure acception du mot. L'hôtel qu'il habite, rue de Hambourg, est connu pour ses tableaux, ses bibelots et sa décoration essentiellement parisienne. C'est un fouillis harmonieux où les toiles de prix se détachent sur des fonds d'étoffes mirifiques et dominent un éblouissant assemblage de meubles anciens, de plantes exotiques, de bronzes admirables et de guéridons surchargés de potiches, de miniatures et de bonbonnières. Le cabinet où l'éminent académicien reçoit ses malades trahit le même appétit du Beau et la même franchise artistique. On n'y voit pas le mobilier austère et froid que l'on est accoutumé de rencontrer chez les médecins. Le client s'y asseoit sur des causeuses Louis XVI, et repose ses yeux — tout en exposant son mal — sur des gravures plus folâtres qu' « Hippocrate refusant les présents d'Artaxercès ». Le maître du lieu ne croit pas qu'il soit indispensable à la thérapeutique d'opérer dans un décor vulgaire et attristant. En principe, le buste d'Esculape lui semble aussi respectable sur un socle de peluche bleue que sur un cube de marbre noir; et la lancette (ceci est une figure, car l'illustre professeur n'est pas un « *grand saigneur* »), la lancette extraite d'une gaine de vieux brocart lui paraît aussi salutaire que celle qui dort dans un sombre étui de cuir.

Il faut aussi saluer en lui un fin lettré, un causeur délicat au courant de toutes les littératures et gourmet dans ses lectures autant qu'à ses repas. Sa bibliothèque possède des rayons spéciaux réservés aux prosateurs et aux poètes, et je ne jurerais point que les réalistes n'y aient leur case souvent visitée... Le docteur Peter vous parlera de Musset et de Maupassant, de Lamartine et de Zola avec l'autorité d'un critique avisé et judicieux — le jour même où il aura, durant sa clinique, émerveillé ses collègues par la profondeur de ses connaissances et l'ingéniosité de ses recherches! Il procède devant une affection quelconque en physionomiste et en penseur — interrogeant le moral du malade, s'identifiant d'abord avec son tempérament, pour s'occuper ensuite des troubles de son organisme, qu'il combattra non pas au moyen des formules tout imprimées du codex, mais avec des ordonnances appropriées à la constitution et aux « faiblesses » du sujet. En sorte que son traitement varie suivant la nature de l'individu — bien que sa souffrance porte le même titre, dans les classifications didactiques et les manuels scolaires.

Et cela, sans rien demander au hasard ou à la fantaisie... M. Peter appartient à la catégorie des prudents qui n'adoptent les innovations qu'à bon escient.

En insistant sur ces particularités, je n'entends point proclamer le docteur Peter une exception, un sauveur infaillible et sans rival; d'autres partagent avec lui la satisfaction de triompher des bouleversements morbides, que la médecine a d'autant plus de mérite à combattre et à vaincre qu'il sont des ennemis intangibles et invisibles dont les malades eux-mêmes ne peuvent préciser le nombre, la puissance et le siège. Broussais comparait la fièvre à un domino qui intrigue dans un bal masqué. Le meilleur docteur (si nous accueillons cette image) est celui dont le regard pénètre sous la mystérieuse enveloppe pour deviner les mystères qu'elle cache...

*
* *

J'ai dépeint le savant qui, sans autre mobile supposable que son amour de l'humanité, a eu la hardiesse d'attaquer une légende en déclarant qu'il demeurait sceptique devant la méthode Pasteur. Quelques mots, maintenant, relatifs à son argumentation :

— « Je sais bien, me disait-il, ce qu'on va me reprocher — si on ne me l'a reproché déjà! On va m'accuser de décourager les chercheurs; on me parlera de ceux que « l'illusion des guérisons » guérissent, de l'apaisement cérébral que procure aux malades l'idée qu'on les arrachera aux issues qui les menacent; et l'on me maudira pour tenter de détruire une fiction qui adoucissait les affres de la mort aux agonisants. En quoi l'on sera injuste à mon égard, puisque, bien que tenant dès l'origine, les inoculations de M. Pasteur pour inefficaces, je n'en ai pas soufflé mot, parce qu'elles étaient inoffensives, et qu'une chose qui ne fait pas de bien n'est condamnable que si elle fait du mal. Mes protestations, dites-le bien haut, ne datent que du jour où la méthode microbienne est devenue *intensive,* c'est-à-dire dangereuse et propre à déterminer d'affreux décès (1).

» On ne fait pas de la science avec du sentiment... A l'heure, à la minute où j'ai compris que l'innocuité cédait la place aux catastrophes, j'ai cru de mon devoir d'éclairer l'opinion par des exemples et par des nombres. La statistique

(1) Depuis l'époque où ce chapitre a été imprimé, il semble qu'on ait donné raison au Dr Peter, puisque la méthode intensive a été abandonnée.

publiée par le docteur Janicot dans le *Figaro* n'est pas exacte. En aucun autre pays, la pente de l'enthousiasme n'est plus inclinée qu'en France — patrie des engouements irréfléchis. Nulle part ailleurs on n'enfourche un dada plus fiévreusement, plus inconsidérément.

» Les choses et les hommes sont tout à coup l'objet d'une inexplicable *furia* et les masses croient en ces choses et en ces hommes sans contrôle — sans laisser au plus compétent des critiques, au Temps, le soin de démontrer la valeur réelle d'une découverte... Et celui qui, comme moi, affronte ces débordements et attaque ces « toquades » de face — sans autres armes que celle du bon sens et de la vérité, celui-là court des risques sérieux... Car on succombe parfois à vouloir remonter les torrents! Qu'importe! j'ai voulu, j'ai dû crier gare! Oui, j'ai dû signaler à l'Académie de médecine que, seuls, les Français ont accepté comme concluante et impeccable une théorie n'ayant à son acquit que des cures douteuses. J'ai insisté sur ce point — car il est de la plus haute importance — que les expériences de M. Pasteur sur l'immunité (mithridatisation) des chiens par ses inoculations successives *n'avaient jamais été contrôlées en France*. Or, à Vienne, un expérimentateur des plus autorisés, le Dr Von Frich, a démontré que cette immunité n'est pas constante pour les chiens par la première méthode de M. Pasteur AVANT morsure par un animal enragé — et qu'elle est loin d'exister pour les inoculations faites APRÈS morsure. Pour la seconde méthode, dite intensive, le Dr Von Frich déclare, d'après ses propres investigations, qu'il ne la croit pas seulement inutile, mais qu'il la tient pour dangereuse. En Italie, même renversement de la doctrine de l'immunité! »

Le docteur Peter m'entretint ensuite longuement de sa communication officielle « inspirée par une conviction profonde »; me mit sous les yeux des *observations* de sujets mordus non guéris et dont le cas avait été aggravé par des inoculations fréquentes de virus plus actif, qui constituent la *méthode intensive*. Il termina en déplorant qu'on ait annoncé et acclamé avec tant de fracas une découverte qui n'a pas fait ses preuves encore, et en me déclarant que, jusqu'à plus ample informé, il sera l'infatigable adversaire d'un traitement capable de transmettre la maladie qu'il veut guérir.

*
* *

Il va sans dire que je suis ici le docile

écho des paroles d'un praticien d'élite et que je me sens trop mince clerc pour figurer autrement dans le débat. S'il m'était permis d'émettre une opinion après la parole magistrale du docteur Peter, je déplorerais qu'il eût raison. La confiance et la foi sont de ces consolations qu'il est cruel de retirer aux croyants, et je suis de ceux pour qui l'illusion est aussi un remède. La propagation des fausses doctrines est criminelle sans doute, mais bien terrible aussi est la réalité qui substitue le doute à la persuasion et le péril au salut. Heureusement la Providence qui veille au bien de l'Humanité a ses desseins impénétrables. En admettant que l'argumentation du docteur Peter soit irréfutable, il n'est pas interdit d'espérer que, de cette controverse, naîtra peut-être la lumière. D'autres — sinon M. Pasteur lui-même — pénétreront plus avant dans le champ que le rabiologue a commencé d'explorer, et provoqueront — à la suite de recherches nouvelles — le triomphe de la Science sur le plus épouvantable mal qui soit sur terre!

TABLE DES MATIÈRES

Élie Berthet.	Richard le Fauconnier	1 —
—	Le Crime de Pierrefitte.	1 —
—	La sœur du Curé	1 —
—	L'Œil de Diamant.	1 —
—	Le Martyre de la Boscotte . . .	1 —
F. du Boisgobey.	La Peau d'un autre.	1 vol.
—	Une Affaire mystérieuse.	1 —
—	L'Auberge de la Noble-Rose. . .	1 —
—	Le Pignon maudit	2 —
Alexis Bouvier.	Monsieur Trumeau.	1 —
—	Caulot le Garde-Chasse	1 —
—	La Bouginotte.	1 —
Champfleury.	Les Bourgeois de Molinchard . .	1 —
—	Chien-Caillou	1 —
—	Aventures de Mademoiselle Mariette	1 —
—	L'Usurier Blaizot	1 —
—	La Pasquette	1 —
—	Monsieur de Boisdhyver.	1 —
—	Les Souffrances du professeur Deltel.	1 —
De Cherville.	Aventures d'un chien de chasse .	1 —
—	Contes d'un buveur de cidre. . .	1 —
Jules Claretie.	Mademoiselle Cachemire.	1 —
—	Pierrille	1 —
Augusta Coupey.	L'Orpheline du 41e.	1 —
—	Marielle.	1 —
Ernest Daudet.	Une femme du monde	1 —
—	Un Martyr d'amour	1 —
—	Aventures de trois jeunes Parisiennes.	1 —
—	Les Amoureux de Juliette	1 —
—	Henriette	1 —
—	La Petite Sœur	1 —

Ernest Daudet	Le Roman de Delphine.	1 vol.
—	Le Père de Salviette	1 —
Louis Dépret.	Trois Amours.	1 —
—	Deux Cœurs sensibles	1 —
Charles Deslys.	Les Dix-sept ans de Marthe . . .	1 —
—	La Fille à Jacques.	1 —
—	Fanfan la Tulipe	1 —
—	Les Compères du Roy.	1 —
—	Les Bottes vernies de Cendrillon	1 —
—	L'Oncle Antoine	1 —
Louis Desnoyers.	Jeunes filles et jeunes femmes. .	1 —
Charles Dickens.	Le Crime de Jasper.	1 —
Charles Diguet.	Les Amours de la Duchesse. . .	1 —
—	La Vierge aux cheveux d'or. . .	1 —
Etienne Enault et L. Judicis.	Le Vagabond	1 —
—	L'Homme de Minuit.	1 —
Etienne Enault.	Danielle.	1 —
—	Les Drames de la jeunesse. . . .	1 —
—	Le Roman d'une Altesse.	1 —
H. Escoffier.	Le Mercier de Lyon.	1 —
—	Le Collier maudit.	1 —
J. Fiévée.	La Dot de Suzette.	1 —
Emile Gaboriau.	Le Capitaine Coutenceau	1 —
Emmanuel Gonzalès.	Les Sept Baisers de Buckingham.	1 —
—	Les Mémoires d'un ange.	2 —
—	Les Frères de la Côte.	1 —
—	Le Vengeur du Mari	1 —
—	Les Deux Favorites.	2 —
—	La Sorcière d'Amour	2 —
—	La Fiancée de la mer	1 —
—	L'Hôtesse du Connétable	1 —
—	L'Epée de Suzanne	1 —
—	Les Amours du Vert-Galan . . .	[illegible]

Emmanuel Gonzalès.	La Servante du Diable	1	vol.
—	Les Gardiennes du Trésor.	1	—
Théodore de Grave.	Les Drames de l'Epée.	1	—
Constant Guéroult.	Aventures cavalières.	1	—
—	La Bourgeoise d'Anvers.	1	—
—	Le Luthier de Rotterdam	1	—
Robert Halt.	Une Cure du docteur Pontalais .	1	—
—	Madame Frainex	1	—
Arsène Houssaye.	Le Violon de Franjolé.	1	—
Charles Joliet.	Une Reine de petite ville	1	—
—	La Novice de Trianon.	1	—
—	Le Roman de deux jeunes mariés.	1	—
—	Fanfinette.	1	—
—	Papiers de famille.	1	—
Louis Judicis.	La Folle d'Apremont	1	—
Henri de Kock.	Un Drôle de voleur.	1	—
—	L'Amoureuse de son mari	1	—
Mary Lafon.	La Boite d'Or.	1	—
A. de Lamartine.	Fior d'Aliza.	1	—
G. de La Landelle.	Un Corsaire sous la Terreur . .	1	—
—	L'Amour de Ninette.	1	—
—	Une Haine à bord.	1	—
—	Les Femmes à bord	1	—
—	Le Mouton enragé.	1	—
Armand Lapointe.	La Reine du faubourg.	1	—
—	Le Roman d'un médecin.	1	—
Alex. de Lavergne.	La belle Aragonaise.	1	—
Hippolyte Lucas.	Les Cahiers roses de la Marquise.	1	—
E. M. de Lyden.	Maitre et maitresse	1	—
Auguste Maquet.	La Maison du Baigneur.	1	—
Michel Masson.	La Jeune Régente	1	—
Mie d'Aghonne.	Le Vampire aux yeux bleus. . .	1	—
Henri Monnier et Elie Berthet.	L'Ami du Château.	1	—

Xavier de Montépin.	Une Fleur aux enchères.	1 vol.
—	Le Dernier des Courtenay. . . .	1 —
Eugène Moret.	Confession d'une jolie femme . .	1 —
Eugène Muller.	Madame Claude.	1 —
—	La Mionnette	1 —
—	Pierre et Mariette.	1 —
Paul de Musset.	Une Vie du diable.	1 —
Nadar.	Quand j'étais étudiant.	1 —
—	La Robe de Déjanire	1 —
—	Le Miroir aux alouettes.	1 —
Victor Perceval.	Les Feux de paille.	1 —
—	Les Vivacités de Carmen	1 —
—	Une Chanoinesse de dix-sept ans.	1 —
Paul Perret.	Histoire d'un honnête homme, etc.	1 —
—	Monsieur Faust.	1 —
—	La Belle Renée	1 —
Ponson du Terrail.	Diane de Lancy.	1 —
—	Le Page Fleur-de-Mai.	1 —
Tony Révillon.	Le bon Monsieur Jouvencel. . .	1 —
—	Deux Compagnons	1 —
—	Histoire de trois enfan . . .	1 —
—	La Séparée.	1 —
—	La Bourgeoise perverti ..	1 —
Émile Richebourg et E. de Lyden.	Les Amoureuses de Paris	2 —
Émile Richebourg.	Histoire d'un Avare, d'un Enfant, etc.	1 —
—	Quarante mille francs de dot . .	1 —
	La Belle Tiennette	1 —
Paul Sauni e.	Un Gendre à tout prix	1 —
—	Le Capitaine Belle-Humeur	1 —
—	Le Roi Misère	2 —
—	La Capote rose.	1
—	Papa Lagratte.	1 —

Paul Saunière.	Les Ecumeurs de rivières. . . .	1 vol.
—	Un Drame sous la Régence. . .	1 —
Albéric Second.	La Jeunesse dorée.	1 —
—	Les Demoiselles du Ronçay. . .	1 —
—	La Semaine des Quatre-Jeudis...	1 —
—	La Vicomtesse Alice	1 —
Anaïs Ségalas.	Les Rieurs de Paris	1 —
—	Les Romans du wagon	1 —
—	Les Deux fils.	1 —
André Theuriet.	Madame Véronique	1 —
—	Le Secret de Gertrude.	1 —
Frédéric Thomas.	Un coquin d'oncle	1 —
—	L'Héritier du chien	1 —
Victor Tissot.	Voyage à la recherche du bonheur	1 —
Timothée Trimm.	Les Mémoires de Lisette	1 —
Pierre Zaccone.	Les Aventuriers de Paris. . . .	1 —
—	La Dame d'Auteuil	1 —
—	Mémoires d'un commissaire de police.	2 —
—	Les Mansardes de Paris	1 —
—	L'Inconnu de Belleville	1 —
—	Blanchette.	1 —
—	La Bohémienne.	1 —

BIBLIOTHÈQUE CHOISIE

DES CHEFS-D'ŒUVRE

FRANÇAIS ET ÉTRANGERS

A 1 franc le volume; 1 fr. 25 *franco.*

Elégamment cartonné en toile anglaise imprimée, 1 fr. 25.

Chaque volume de cette nouvelle bibliothèque est imprimé avec soin sur baeu papier vélin glacé, et contient 300 à 350 pages et environ 10,000 lignes.

EN VENTE :

André Chénier. — Œuvres poétiques . . . . 1 vol.
Ovido. — L'Art d'aimer. — Les Amours. . . . . 1 —
Hamilton. — Histoire amoureuse de la Cour d'Angleterre 1 —
Voltaire. — Candide. — Zadig et l'Ingénu. . . . . 1 —
Xavier de Maistre. — Œuvres complètes. . . . . . . 1 —
Boccace. — Contes. . . . . 1 —
Brillat-Savarin. — Physiologie du goût. . . . . 1 —
Diderot. — Contes, Nouvelles et Mélanges . . . . 1 —
P.-L. Courrier — L'Ane d'or. — Daphnis et Cloé. . . . 1 —
Sterne. — Voyage sentimental, suivi des Amours de mon oncle Tobie. . . . . 1 —
Suétone. — Rome galante sous les Césars. . . . . . . 1 —
Marguerite de Valois. — Les Contes de la reine de Navarre . . . . 1 —

J. de La Fontaine. — Contes et nouvelles. . . . . . . 1 vol.
Molière. — Œuvres choisies. . . . . 1 —
Brantôme. — Vie des dames galantes. . . . . 1 —
Champfort et Rivarol. — Œuvres choisies . . . . 1 —
Mirabeau. — Lettre d'amour à Sophie. . . . . 1 —
Beaumarchais. — Théâtre choisi. . . . . 1 —
Lesage. — Le Diable boiteux. . . . . 1 —
Gœthe. — Werther. — Hermann et Dorothée. . . . . . . 1 —
Voisenon. — Contes légers. . . . . 1 —
Piron. — Poésies badines. . . . . 1 —
Ch. de Brosses. — L'Italie galante et familière. . . . . 1 —
Caylus. — Contes et Facéties. . . . . 1 —
Nouveaux contes à plaisir, tirés des Cent Nouvelles nouvelles. . . . . 1 —
Abbé Prévost. — Manon Lescaut. . . . . 1 —
Cazanova. — I. Amours de Jeunesse. . . . . 1 —
— — II. L'amour à Venise . . . . 1 —
Grécourt. — Contes et chansons. . . . . 1 —
Hoffmann. — Contes fantastiques. . . . . 1 —
Stendhal. — Physiologie de l'amour. . . . . 1 —
Voltaire. — La Pucelle. . . . . 1 —
Gérard de Nerval. — Les femmes du Caire . . . . . . 1 —
Parny. — Poésies complètes. . . . . 1 —
Augustin Thierry. — Récits des temps mérovingiens . 1 —
Les heures perdues d'un Cavalier français, par un contemporain de Brantôme . . . . 1 —
Louvet de Couvray. — Les Amours de Faublas. . . . 1 —
Bonaventure des Périers. — Contes et joyeux Devis. 1 —
Benjamin Constant. — Adolphe, suivi des aventures du faux chevalier de Warwick, par la marquise de Tencin. 1 —
XXX. — Histoire d'Héloïse et d'Abailard. . . . . 1 —

LE

NOUVEAU DÉCAMÉRON

CONTES ET NOUVELLES

PAR LES PREMIERS LITTÉRATEURS CONTEMPORAINS

10 volumes illustrés.

Prix de chaque volume, broché........................ 6 fr.
Joli cartonnage, fers spéciaux........................ 7 fr. 50

Le Nouveau Décaméron sera l'une des plus magnifiques publications du XIXe siècle ; on peut affirmer qu'elle est absolument sans exemple dans la littérature et dans la librairie contemporaines.

Disons en quelques mots le plan de cet ouvrage, qui comprend dix volumes.

On sait que le conte, — une des gloires des Lettres françaises, — le conte de la reine de Navarre, de La Fontaine, de Voltaire et de Diderot, rénové par les plus illustres écrivains de notre temps, est en grande faveur auprès du public. Le moment était donc bien choisi pour entreprendre de réunir dans un vaste ouvrage — tout moderne, mais disposé traditionnellement d'après les décamérons et les heptamérons de jadis — des nouvelles dues aux plus éminents conteurs de notre époque.

Faire un décaméron! c'est-à-dire réunir cent contes disposés en dix journées, ce n'était pas une mince difficulté ;mais l'éditeur n'a pas compté en vain sur la bonne grâce des auteurs. Les plus célèbres ont bien voulu répondre à son appel: Edmond ABOUT, Paul ARÈNE, Théodore de BANVILLE, Léon CLADEL, Jules CLARETIE, François COPPÉE, Alphonse DAUDET, Edmond de GONCOURT, Ludovic HALÉVY, Arsène HOUSSAYE, Camille LEMONNIER, René MAIZEROY, Guy DE MAUPASSANT, Charles MONSELET, Catulle MENDÈS, Aurélien SCHOLL, Armand SILVESTRE, VILLIERS DE L'ISLE-ADAM, Emile ZOLA et beaucoup d'autres ont accepté de collaborer au *Nouveau Décaméron*. On peut dire que jamais plus complet ni plus éclatant assemblage de noms et de talents ne s'est produit dans un livre.

Mais, à cet attrait puissant, un autre s'ajoute, très nouveau, très piquant, tout à fait imprévu. Le *Nouveau Décaméron* nous montre les auteurs *eux-mêmes*, disant leurs contes dans un monde analogue à celui qu'imagina Boccace ou la reine de Navarre, mais tout à fait moderne; et quand les beaux diseurs se sont tus, une subtile et courtoise compagnie d'écouteurs et d'écouteuses disserte, comme dans une Cour d'Amour, sur les contes entendus.

C'est au château de la marquise Thérèse de Lionne que bavarde le *Nouveau Décaméron*. Ce château existe-t-il en effet ? Est-il vrai que tant de poëtes aimés, de romanciers, d'artistes et d'irréprochables Parisiennes se soient réunis dans la grande serre pour dire et écouter des contes ? C'est ce dont le lecteur décidera; mais si l'histoire n'est pas vraie de tout point, elle est du moins vraisemblable et jolie.

Un tel livre — merveille littéraire — devait être une merveille typographique. Aucun effort, aucun soin n'a été négligé pour que les dix fascicules du *Nouveau Décaméron* fussent un livre aussi parfait que possible. Des caractères elzéviriens entièrement neufs — romains et italiques, un papier vélin anglais très fort, un tirage qui ne laisse rien à désirer, ont de quoi satisfaire les bibliophiles les plus exigeants.

Le *Nouveau Décaméron* comprend dix fascicules ou volumes petit in-8o écu de 160 à 180 pages. Chaque volume contient une Journée, c'est-à-dire dix contes; il est enrichi de têtes de pages, lettres ornées, culs-de-lampe et fleurons dessinés spécialement pour l'ouvrage., plus, de deux eaux-fortes, dont l'une représente le Roi de la Journée, et l'autre l'une des scènes les plus piquantes de la Journée.

Première journée. . — *Le Temps d'aimer.*
Deuxième journée. — *Dans l'Atelier.*
Troisième journée. — *Les Amours mondaines.*
Quatrième journée. — *La Rue et la Route.*
Cinquième journée. — *Comme il vous plaira.*
Sixième journée. . — *Les plus tristes.*
Septième journée. . — *Les Amours au théâtre.*
Huitième journée.. — *Amours lointaines.*
Neuvième journée. — *Les Chastes Amours.*
Dixième journée. . — *L'Idéal.*

PRIX : 6 francs le volume.

Il en a été tiré, en outre, un petit nombre sur papier de Hollande et du Japon, avec double suite des eaux-fortes.

(La collection des 10 volumes, cartonnage élégant, 75 fr.)

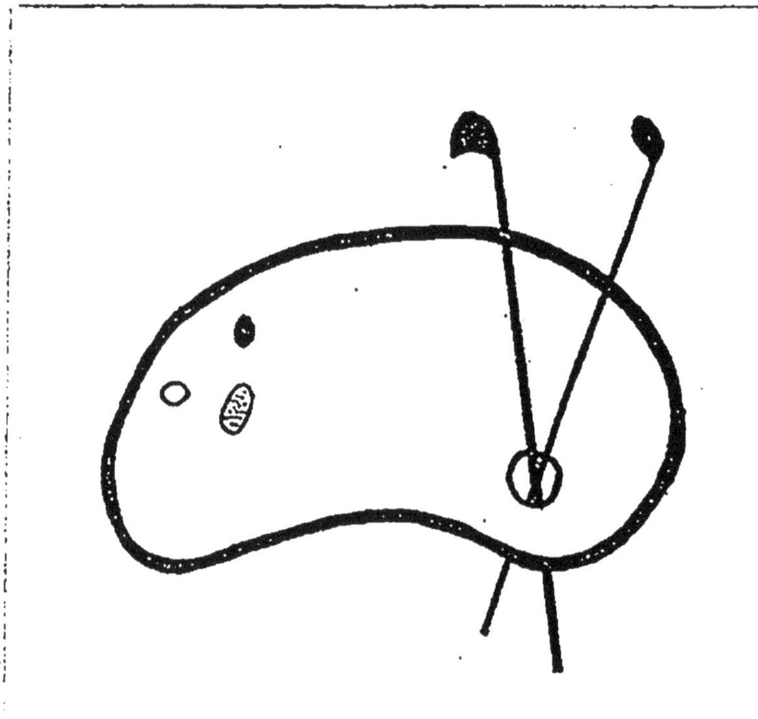

www.ingramcontent.com/pod-product-compliance
Ingram Content Group UK Ltd.
Pitfield, Milton Keynes, MK11 3LW, UK
UKHW020304230726
13925UKWH00001B/213